AF452485

HISTOIRE
DE HUON
DE BORDEAUX,

PAIR DE FRANCE, DUC DE GUIENNE,

Contenant ses Faits et Actions Héroïques, mis en deux Livres aussi beaux et divertissans que jamais on ait lu.

LIVRE SECOND.

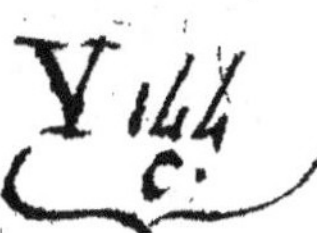

MONTBÉLIARD,

CHEZ T.-F. DECKHERR, IMPRIMEUR.

1821.

HUON DE BORDEAUX.

LIVRE SECOND
DU NOBLE ET VAILLANT DUC
HUON DE BORDEAUX,
PAIR DE FRANCE.

Comme le bon Évêque poussé par le vent, vint aborder au Château de l'Aymant, où il trouva Huon de Bordeaux, et de la conversation qu'ils eurent ensemble.

SIRE, dit l'Évêque, puisqu'il vous plaît de savoir la vérité, je vais vous la dire : apprenez que je suis né de Bordeaux, dont je suis évêque depuis vingt ans, il me prit dévotion de faire le voyage du St. Sépulcre, mais il ne plût pas à Dieu de nous y laisser parvenir; car quand nous partimes de Lisbonne, une tourmente s'éleva si fort, que notre vaisseau qui était riche et chargé de beaucoup de monde, vint échouer contre un rocher où il se brisa en pièces, tous ceux qui étaient dedans périrent, excepté mon neveu et moi, nous nous mîmes tous deux sur le mât de notre vaisseau et nous étions en grand danger de périr, quand par la grâce de Dieu, le Patron du vaisseau, qui est dans le port, arriva à l'endroit où le nôtre était péri, je le priai de nous aider à nous sauver. Le Patron qui est un honnête homme eut pitié de nous et nous mit dans son vaisseau, il nous fit partage de ses biens comme si nous eussions été ses frères.

Je vous ai raconté toute notre aventure. Quand le Patron nous eut mis sur son bord je lui dis que j'étais Evêque de Lisbonne; je ne pouvais m'adresser qu'à lui. Je vous prie de m'excuser si je vous regarde si attentivement, c'est qu'il me semble voir devant moi le Duc Sevin de Bordeaux, chez qui je fus élevé dès ma plus tendre jeunesse, et si vous n'étiez pas si jeune, je croirais le voir, tant vous lui ressemblez. De tous ses bienfaits, le premier fut de m'envoyer à Rome vers notre Saint Père dont je suis parent, il m'a rendu de grands services, il m'a donné l'Evêché de Milan. Le duc Sevin est mort, il en est resté deux fils, l'aîné se nomme Huon et l'autre Girard. Huon fut mandé à Paris vers le Roi Charlemagne, il lui arriva une triste aventure, il tua à son corps défendant et sans le connaître, le fils du Roi; pour cela le Roi de France l'a banni de son Royaume et l'a envoyé vers l'Amiral Gaudisse faire un message de sa part. Il est depuis revenu en France, il a soutenu une grande guerre contre l'Empereur d'Allemagne; je n'en ai rien appris de plus, je suis bien fâché de ne pas savoir ce qu'il est devenu; car mon père qui était Abbé de l'Abbaye de Clugny, nourrit long-tems Huon en sa jeunesse, avant que le Duc Sevin son père mourut. Je suis bien fâché qu'on ait pu en avoir des nouvelles depuis sa paix avec le Roi de France. Huon ayant entendu parler le bon Evêque, il lui sauta au col et lui dit en l'embrassant : oui, vous êtes mon cher cousin, je suis Huon qui a passé la mer, j'ai été vers l'Amiral Gaudisse, je l'ai tué, et j'ai emmené sa fille Esclarmonde avec laquelle le Saint Père m'a marié, je l'ai laissé dans la ville de Bordeaux, en une triste situation, elle était assiégée par l'empereur d'Allemagne, et je crains bien qu'elle ne sois déjà prise. A ces paroles, le bon Evêque se mit à pleurer ; Huon lui dit : Cher Cousin, vous êtes bienheureux que la fortune vous ait conduit auprès de moi, car vous ne seriez jamais sorti de cet endroit. Je dois bien, répondit l'Evêque, remercier Dieu de m'avoir procuré votre rencontre ; mais je vous prie de me faire donner à manger, car je suis si fatigué qu'à peine je puis me soutenir. Cousin, dit Huon, s'il plaît à Dieu, je vous menerai dans un lieu où vous aurez assez à boire et à manger. Alors Huon le prit par la main et le conduisit dans les chambres du Palais. L'Evêque fut surpris de voir les richesses immenses qui y étaient renfermées.

Huon après avoir montré toutes ces choses à son cousin, descendit au cellier où l'Evêque fut étonné de voir que les gens qui y étaient ne disaient pas un seul mot ; il passa vers eux en les saluant, Huon et lui passèrent ensuite dans la riche chambre dans laquelle était mise la table chargée de toutes sortes de mets, comme Huon l'avait trouvée. Les domestiques de ce lieu leur présentèrent à laver les mains ; ils se mirent tous trois à table, et quand ils furent assis, Huon à dit l'Evêque : Je vous conjure au nom de la Prêtrise que vous avez reçue, de ne pas être assez hardi vous et votre Chapelin pour manger un seul morceau de viande, en cas que vous ayez un seul péché mortel, ainsi je vous conseille de vous confesser à votre Chapelin, et lui à vous, si vous agissez autrement, vous aurez à peine touché la viande que vous mourrez.

Quand l'Evêque entendit Huon, il fut bien surpris et dit : Cousin, grâce à Dieu, je me sens en état d'attendre la mort, car quand je partis de Rome mon neveu et moi, fûmes confessés et absous par le St. Père, et depuis que nous entrâmes en mer nous ne nous sentons coupables d'aucun péché depuis. Huon lui répondit, puisque c'est ainsi, vous pouvez boire et manger à votre plaisir ; ils se mirent à table, car ils en avaient besoin. Ils furent servis richement et eurent tout ce qu'ils pouvaient désirer. Le bon Evêque

but et mangeat ainsi que son neveu, ils étaient surpris des merveilles qu'ils voyaient ; le chant harmonieux des oiseaux les enchantoit, les herbes et les fleurs répandaient une odeur douce et agréable ; leur surprise fut encore plus grande de voir les domestiques garder un profond silence, ils en auraient volontiers demandé le sujet à Huon ; mais ils n'osèrent parce qu'il leur avait défendu de faire aucune question, ainsi ils dînèrent avec beaucoup de satisfaction, et quand ils eurent dîné, ils rendirent grâce à Dieu et lavèrent leurs mains. Huon prit ensuite l'Evêque par la main, remontons, lui dit-il, ensuite vous retournerez dans votre vaisseau, et vous direz à ceux qui sont dedans que s'ils ne veulent périr, ils se fassent baptiser ; vous ferez mettre de l'eau dans des cuves, vous la bénirez, et s'il y en a quelqu'un qui refuse, j'irai et lui trancherai la tête. Sire, lui répondit l'Evêque, j'y consens. Huon s'arma de pied en cap, et partit du Château avec l'Evêque et son neveu, ils allèrent au vaisseau où ils entrèrent et trouvèrent Climas le Patron qui avait tant exhorté les Sarrasins, qu'il en avait converti une partie, à l'exception de dix qui feignaient de se rendre chrétiens, mais dont la pensée était bien différente ; car ils avaient résolu ensemble de ne jamais renoncer à la loi de Mahomet, pour croire à celle de Jésus-Christ ; mais qu'ils se feraient baptiser pour ne pas mourir de faim. Huon avec l'Evêque étant entrés dans le vaisseau, le bon Evêque commença à dire tout haut : Je vous prie de me dire si votre intention est bonne, et si vous voulez croire fermement à la loi de Jésus-Christ, et laisser la fausse et détestable loi de Mahomet, qui ne vaut rien, et recevoir le Saint Sacrement de baptême. Sire, répondirent-ils, nous vous prions de nous délivrer, car nous mourrons de faim et ne pouvons plus soutenir. A ces mots, Huon remercia Dieu, et fut si content qu'il ne savait que leur faire. L'Evêque et son Chapelain les confessèrent tous et leur donnèrent l'absolution, ensuite ils furent baptisés et s'écrièrent ensemble : Huon, au nom de Dieu, faites-nous donner à manger. Huon leur

répondit : je vais vous en faire donner autant qu'il en faudra pour vous rassasier.
Huon fut bien content et vint avec l'Evêque
et son Chapelain pour chercher au Château
du vin, de la viande et tout ce qui était
nécessaire ; ils apportèrent tout cela au vaisseau, ils engagèrent tous les marchands à
s'asseoir, et quand ils le furent, ils leur
distribuèrent des viandes et leur versèrent
du vin dans leurs coupes ; mais dix des
Sarrasins qui avaient reçus le baptême,
eurent à peine touché aux viandes, qu'ils
moururent aussitôt. Quand les autres marchands virent cela, ils furent bien surpris et
n'osèrent plus toucher aux viandes, car ils
pensaient tous être morts. Seigneurs, dit
Huon, ne soyez pas surpris, car les dix
hommes qui sont morts, ne s'étaient fait
baptiser que pour avoir des vivres et non
pas avec une intention sincère : continuez
sans crainte de boire et manger, je vous en
ferai apporter dès qu'ils vous en manquera.

Quand les marchands entendirent Huon
qui leur dit que ceux qui étaient morts,
n'étaient pas vrais Chrétiens, ils continuèrent
à boire et manger, et quand ils eurent fini,
ils se levèrent de table et chargèrent toutes
leurs richesses et marchandises qui étaient
dans le vaisseau, ils les portèrent au Château
où quand ils furent venus, ils parcoururent
avec un grand plaisir la beauté et la richesse
des appartemens du Château, l'or et la
richesse brillaient de toutes parts, ils regardèrent les chambres garnies et les lits où ils
pouvaient coucher et se reposer si bon leur
semblait, ils furent ensuite au jardin, qui
était des plus beau que l'on pût voir, et
après qu'ils l'eurent bien parcouru, il leur
paraissait très-beau, car le Château et la
place avaient une portée de fusil, ils passèrent le reste de la journée à examiner les
beautés, et quand le soir fut venu, ils allèrent souper. Huon les conduisit au cellier,
ensuite dans la chambre où ils trouvèrent la
table garnie de quantité de mets et de vin,
après qu'ils eurent soupé suffisamment, ils
furent se reposer sur les lits qu'ils trouvèrent
dans les chambres du Palais ; le lendemain
matin le bon Evêque et son Chapelain dirent
la messe à laquelle assistèrent Huon et tous
ceux qui étaient avec lui, et quand ils voulaient manger, ils descendaient au cellier
où ils trouvaient tout ce qu'ils pouvaient
désirer. Ils passèrent le reste de la journée
à se divertir dans le jardin ; l'Evêque les
prêchait et les confessait de tems en tems ;
ils restèrent l'espace d'un mois avec grande
satisfaction ; Huon ne partageait point la
joie, au contraire, il regrettait souvent
Esclarmonde son épouse et Clairette sa fille,
disait dans l'excès de son chagrin : Ah ! chère
épouse ! toutes les fois que je pense au danger dans lequel je vous ai laissé, mon cœur
se déchire. Méchant Empereur qui me cau-
sez tant de maux, je pense que vous avez
déjà pris la ville et mis ma fille et ma femme
dans une prison affreuse. Plût à Dieu
qu'elles fussent en ce lieu, je n'en sortirais
point, et je ne peux le faire qu'avec l'aide
de Dieu. Grand Roi Oberon, qui m'avez
donné votre Royaume, si vous daigniez me
secourir, vous m'auriez bientôt fait sortir de
ce lieu, et aidé à détruire ce cruel Empereur.

*Comme Huon de Bordeaux se fit emporter
par le Griffon qu'il tua avec cinq petits
Griffons : de la fontaine et du beau
jardin qu'il trouva, et du fruit de l'arbre qui était près de la fontaine.*

Huon se promenait dans la salle du Château,
plongé dans de tristes pensées, il s'approcha d'une fenêtre d'où l'on découvrait la
mer, il jetta la vue de ce côté, et vit venir
un oiseau d'une grosseur prodigieuse, qui
vint s'abattre sur le mat du vaisseau, ensuite
il le vit descendre dedans et emporter un des
dix hommes qui n'avaient pas voulu croire
en Dieu, l'oiseau l'emporta aussi légèrement
qu'un vautour emporterait une perdrix.

Huon fut bien surpris et regarda de quel
côté le Griffon dirigeait son vol, il s'aperçut
autant que sa vue pouvait atteindre que l'oiseau s'était posé sur un rocher qui lui paraissait aussi beau que du cristal ; il dit alors en
lui-même, que s'il plaisait à Dieu que cela
fut, il lui semblait que cet endroit n'était
point habitable. Il résolut de venir le lendemain pour voir si l'oiseau reviendrait cher-

cher sa proie; il pensa qu'il pourrait ortir du château en se faisant emporter par le Griffon, que pour cet effet, il s'armerait de tous points afin de se défendre s'il en était besoin, qu'il irait se coucher parmi les morts, et que quand il serait au lieu où étaient les petits du Griffon, il livrerait bataille à celui qui l'aurait apporté; mais auparavant de le faire, il voulait voir la manière dont agirait le Griffon, et s'il retournerait au même endroit; car, disait-il en lui-même, s'il y retourne, il faut que ce soit terre ferme d'où l'on puisse aller en tel lieu que l'on veut; il ne voyait point d'autre manière de sortir du lieu où il était. Occupé de son dessein, il retourna au jardin où l'Evêque était avec les autres. Il ne leur déclara point son intention. L'heure du souper arriva, ils y furent comme à l'ordinaire, et pas un de ceux qui les servaient ne leur dit une parole; ils furent se reposer ensuite, et Huon pensa toute la nuit à son entreprise, il lui tardait que le jour fut venu pour savoir si le Griffon viendrait chercher sa proie comme auparavant. Dès que le jour parut, Huon se leva, entendit la Messe, et vint se remettre à la fenêtre comme il avait déjà fait, il y regarda tant qu'il vit venir le grand Griffon qui vint se poser sur le même arbre où il s'était déjà posé, et y fut assez de tems pour voir lequel il emporterait de ceux qui étaient morts, et pendant le tems qu'il y était, Huon le considéra attentivement. Il avait la tête très-grosse, le bec extrêmement long, les yeux grands et rouges, et des serres affreuses. Il descendit du haut du mât qu'il rompit par sa pésanteur, mais à peine fut-il descendu dans le vaisseau, qu'il emporta dans ses serres un des cadavres et s'éleva ensuite si haut, qu'en peu de tems il approcha du rocher où Huon l'avait vu s'abattre; ce rocher portait le nom d'Alexandre, parce qu'Alexandre après avoir passé les déserts de l'Inde et parlé aux arbres du Soleil et de la Lune, vint se baigner dans une fontaine qui est au pied du rocher et qui s'écoule dans la prairie où Alexandre séjourna quelque tems et vit des choses dignes de remarque. Huon se

fortifia dans son premier dessein et décida en lui-même, qu'il se laisserait emporter par le griffon, au risque de perdre la vie plutôt que de rester dans le château; car il était sans cesse tourmenté par le désir qu'il avait de revoir son épouse et sa chère fille. Quand il vit que le Griffon était parti, il retourna auprès de l'Evêque et ses compagnons auxquels il raconta ce qu'il avait vu et ce qu'il avait envie de faire. Quand l'Evêque et ceux qui étaient avec lui, entendirent Huon, ils se mirent à pleurer, ils lui disaient: Ne cherchez pas votre mort, attendez la volonté du Seigneur, au nom de Dieu, ne nous quittez pas. Huon leur répondit: Seigneur, quand je pense dans quel danger j'ai laissé ma femme et ma fille, ma Ville, mes Barons, mes Bourgeois et Bourgeoises, je me sens le cœur oppressé. Je vous laisserai ici à la garde de Notre-Seigneur, et je vous prie de ne me plus parler de cela. Voyant qu'ils ne pouvaient détourner Huon de son entreprise, ils s'abandonnèrent entièrement à la douleur, et passèrent la nuit dans les larmes. Le lendemain Huon se leva, puis vint vers l'Evêque à qui il confessa tous ses péchés et reçut le corps de Notre-Seigneur, il vint dîner avec les autres, et quand il vit que l'heure de partir s'approchait, il s'arma d'une excellente côte de maille, mit son casque, ceignit sa bonne épée, quand il fut prêt il fit ses adieux à l'Evêque et à tous ceux qui étaient avec lui, les recommandant à Dieu. L'Evêque et tous les autres voyant qu'il était déterminé à partir, regrettaient un ami si fidèle; mais ils n'osaient plus lui parler. Le bon Evêque embrassa Huon et lui dit: Cher cousin, que Dieu veuille bien vous prendre en sa sainte garde, qu'il vous préserve de ce cruel ennemi.

Sire, dit Huon, le grand désir que j'ai de secourir mon épouse que j'ai laissé en une extrême misère et en danger de sa vie, me contraint de me servir de cette manière pour sortir d'ici et tenir la parole que j'ai donné à Esclarmonde. Huon se recommanda à Notre-Seigneur et sortit du Château; au vaisseau où il entra, quand il aperçut Griffon qui venait du haut des airs, il lui son épée qu'il tint nue et se coucha sur les morts. Le Griffon vint comme à sa coutume s'abaisser sur le mât qu'il ébranla d'une telle force, que Huon qui était couché parmi les morts, fut saisi d'une frayeur mortelle, il se recommanda à Dieu, le priant de le secourir par le moyen du Griffon, qui du haut du mât fixait déjà sa proie; l'animal apercevant Huon qui était bien armé, il lui parut plus grand et plus gros que les autres, ainsi il désira le prendre pour donner à manger à ses faons, il descendit dans le vaisseau et emporta Huon, mais en le prenant il lui enfonça ses ongles dans les côtés d'une telle force que le sang lui découlait sur le corps, mais il n'osait bouger, malgré les douleurs très-aigues qu'il ressentait. Le Griffon le porta si haut et si loin, qu'en moins de trois heures il le posa sur le rocher. Fatigué d'avoir apporté Huon de si loin, il descendit du rocher et alla boire à la belle fontaine qui était au bas. Huon était resté sur le rocher, accablé par la fatigue et affoibli d'avoir perdu beaucoup de sang; il pensa que s'il voulait sauver sa vie il était tems de s'armer de courage, il se leva et regardant autour de lui, il vit une forêt qui n'en était pas éloignée, se réclamant alors à Dieu, il implora son secours, disant : Seigneur, faites-moi la grâce de sortir de ce lieu, afin que je puisse retourner dans mon pays pour savoir la situation de ma femme et de ma fille, il regarda ensuite vers le Griffon, qui l'ayant vu se lever, venait à lui le bec ouvert pour le déchirer; mais Huon qui était rempli de courage, vint hardiment au-devant de lui, et ayant remarqué qu'il avait levé une de ses pattes pour le déchirer, il lui coupa la patte d'un grand coup d'épée qu'il lui donna. Le Griffon tomba sur le coup et jetta un cri si horrible que la forêt en retentit; à ses cris qui furent entendus par ses faons qui étaient dans leur nid, ils reconnurent qu' c'était leur mère; leur père, depuis peu de tems, avait été tué par un Roi de Perse, qui l'avait fait détruire par ses chasseurs, parce que l'animal avait tué un de ses chevaux pour l'emporter à ses faons. Quand les petits eurent entendus les cris que poussait leur

mère, ils s'élevèrent au nombre de cinq qui vinrent courir sur Huon, qui quand il les vit venir eut grande peur. Il donna un si grand coup d'épée au premier qu'il lui coupa la tête, un autre vint le tirer par son haubert, il l'aurait enlevé si Huon, qui était adroit, ne lui eut donné un grand coup dont il lui abattit la patte, il se retourna lestement et tua ce Griffon, il en revint un troisième qui donna à Huon un si grand coup d'aile, qu'il le fit tomber presqu'à terre, il se releva et vint aussitôt contre le Griffon, il leva son épée et lui coupa une de ses ailes et une patte, il coupa la tête au quatrième. Le cinquième vint ensuite, il était plus grand et plus gros que les autres, il leva l'épée pour le frapper, mais le Griffon recula et s'éleva sur ses deux pattes de derrière, et se débattant des deux pattes de devant et des ailes, il terrassa Huon qui ne pouvant se relever, se recommanda à Notre-Seigneur, il désirait être encore au Château de l'Aymant avec ses compagnons qui le regrettaient, car quand ils l'avaient vu descendre dans le vaisseau, ils n'avaient osé attendre que le Griffon vînt l'emporter, mais ils furent se cacher dans le Château. Huon qui avait été abattu par le Griffon, se releva et prit courage, il vint ensuite contre le Griffon qui se préparait à se défendre; mais Huon lui appliqua un si grand coup d'épée sur la tête qu'il la lui fendit.

Comme Huon se battit avec le grand Griffon et le tua.

QUAND Huon de Bordeaux vit qu'il avait tué les cinq Griffons, il remercia Dieu des grâces qu'il lui avait fait, il s'assit pour se reposer et mit son épée à terre, croyant être en sûreté; mais le grand Griffon qui l'avait apporté sur le rocher, vint contre Huon en battant des ailes; mais quand il vit ses petits étendus, il poussa des cris si affreux, que la forêt et les vallons d'alentour en retentirent. La peur s'empara de Huon, quand il le vit venir à lui, car il était si fatigué, qu'à peine il pouvait se soutenir; néanmoins il vit bien qu'il était tems de se défendre, il vint contre le Griffon, pensant le frapper mais il n'y put réussir, parce que le Griffon vint près de lui en battant des ailes d'une telle force, qu'il le renversa par terre. Sa chûte fut si violente qu'il laissa tomber son épée, alors se voyant désarmé, il crut que c'était le dernier jour de sa vie; il se réclama à Dieu, le Griffon cependant se battait de ses serres et de son bec, la cotte de maille qu'il avait endossée était, heureusement pour lui, si bien ressérée que le Griffon ne pouvait la rompre, comme il avait une patte coupée et qu'il avait perdu beaucoup de sang, il avait aussi perdu de sa force, sans quoi il aurait fait mourir Huon qui ne pouvait se relever, il se ressouvint qu'il avait à son côté un coutelas très riche, qu'il avait apporté du château de l'Aymant, il le tira et en frappa à coups redoublés sur le corps du Griffon qui tomba percé de coups sur le carreau. Huon se releva, ôta son casque, et leva les mains au ciel, il remercia Dieu de la victoire qu'il lui avait fait remporter sur le Griffon, il était accablé de faiblesse, parce qu'il avait perdu beaucoup de sang; il regarda donc de tous côtés pour s'assurer s'il n'y avait plus de danger à craindre, mais il ne vit plus rien qui lui laissât le moindre doute. Quand il eut examiné tout à l'entour de lui, il regarda en bas du rocher et vit une belle fontaine qui coulait dans la prairie, il y descendit et trouva qu'elle était très-claire et d'un travail de maçonnerie très-riche. Il lui prit envie de boire de l'eau de cette fontaine, il ôta un de ses hauberts pour être plus à son aise, mais s'approchant de la fontaine il vit qu'au lieu de gravier, c'était des pierres précieuses qui étaient au fond de la fontaine, il ôta son casque, puisa de l'eau et en but à son besoin, à peine eut-il bu, qu'il fut guéri de toutes les plaies qu'il avait reçues, et se trouva en aussi bon état qu'il était le jour qu'il partit du Château de l'Aymant, dont il remercia Notre-Seigneur. Cette fontaine était nommée la fontaine de Jouvence; elle avait une si rare vertu, que telle maladie que l'on eut, on était guéri dès qu'on s'y était baigné. Huon se déshabilla et descendit dans la fontaine pour laver le sang et la sueur, dont il avait le corps tout couvert, quand il se fut netoyé, il remit ses habits hors un haubert qu'il laissa. Auprès d cette fontaine était un pommier bien garni de fruits d'une rare beauté. Huon l'ayant aperçu s'en approcha et cueillit une pomme très-grosse et d'un goût admirable, il en fut suffisamment rassasié. Ah Dieu! dit Huon de Bordeaux, je dois bien vous louer et remercier des biens dont vous me comblez en ce jour. Huon jettant les yeux sur sa droite, aperçut un verger planté de toutes sortes d'arbres fruitiers, c'était un vrai paradis terrestre, il en sortait une odeur exquise. Huon dit alors, si je n'eus pas trouvé les Griffons, je croirais être en paradis. Seigneur, daignez m'aider de vos divins secours.

Comme un Ange apparut à Huon lui dit de cueillir trois pommes sans plus, lui dit des nouvelles d'Esclarmonde et de sa fille, et lui montra le chemin.

Huon parlait ainsi vers la fontaine, il se rapprocha de l'arbre et se disposait à manger, il pensa qu'il en cueillerait tant, qu'il en aurait pour vivre six jours, pendant lequel tems il pourrait aller en un lieu où il trouverait de quoi manger. Comme Huon raisonnait ainsi, il vit une grande clarté lumineuse qu'il pensait être ravi aux cieux, il entendit une voix angélique qui lui dit: Huon, je te défends de la part de Dieu, de cueillir davantage de ce fruit, excepté trois que tu garderas avec bien de la circonspection; ils te feront un très-grand profit, le fruit de cet arbre s'appelle de Jouvence, il a telle vertu, que si un homme en mangeait et qu'il eût cent ans, il paraitrait aussi jeune qu'à trente. Tu peux aller dans ce verger, y cueillir des fruits et en manger, excepté de cet arbre dont tu n'en cueilleras que trois, si tu passes mes ordres, tu payeras bien cher les fruits. Sire, dit Huon à l'Ange: je remercie le Seigneur des biens qu'il a fait à un infortuné comme moi, je n'enfreindrai point ses commandemens, j'aimerais mieux mourir que d'aller au contraire de ses volontés, je recommande mon ame à sa divinité. Ami de Dieu, dit Huon, je vous prie de me

me donner des nouvelles de ma femme Esclarmonde et de ma fille Clairette, que j'ai laissé dans ma Ville de Bordeaux assiégée par l'Empereur d'Allemagne ; je crains bien qu'elle ne soit réduite par la famine, et que mes Barons que j'ai laissés avec elles ne soient morts. La voix lui répondit : apprends que la Ville de Bordeaux est prise, la plupart de tes gens sont tués ou fait prisonniers, ta femme est prisonnière à la tour de Mayence, où l'Empereur la tient très-étroitement resserée, et ta fille est à l'Abbaye de Clugny, où l'Abbé qui l'aime beaucoup, en prend un soin particulier. Ami, dit Huon, dites-moi, je vous prie comment elle y a été portée? La voix lui répondit : sache que Bernard ton cousin-germain l'y a porté. Huon demanda encore Gérasme, Othon et Richard sont-ils morts? Il lui répondit qu'ils avaient été tué à la prise de la ville. Quand Huon entendit les tristes nouvelles que la voix lui avait donnée, il recommença à pleurer et regretter Esclarmonde sa femme et le vieux Gérasme qu'il aimait tant; les larmes succédèrent aux regrets. Ami de Dieu, dit Huon, je vous prie de me dire si je pourrai sortir d'ici, vu que je suis environné de la mer de tous côtés, et ne vois aucun endroit par où je puisse sortir, je désirerais savoir si je retournerai dans mon pays pour voir ma femme et ma fille qui sont dans la plus grande affliction. Rassures-toi, lui dit la voix, tu reverras encore ta femme Esclarmonde, et ta fille Clairette, ainsi que ta Ville de Bordeaux, mais avant que tu puisses y parvenir, tu auras bien des peines à souffrir. L'Empereur Thiery a conquis Gironville et la Ville de Bordeaux et tout ton pays. Alors Huon fit serment, que si Dieu lui faisait la grâce de retourner sain et sauf dans son pays, il ferait mourir l'Empereur. Messager de Dieu, dit Huon, je vous prie de m'enseigner par quel endroit je pourrai sortir de ce lieu? La voix lui répondit, va vers cet arbre, cueille trois pommes, et gardez-les bien soigneusement comme je te l'ai recommandé, tu en recevras tant de biens qu'à la fin tu viendras à bout de ton entreprise et

seras hors de toute inquiétude. Tu iras par le petit sentier que tu vois à main droite, tu descendras vers un canal d'eau très-claire, où tu trouveras un beau vaisseau, tu y entreras; mais avant d'y entrer, tu iras dans un jardin que tu vois, tu y cueilleras une quantité suffisante de fruits pour te nourir, tu les porteras dans le vaisseau sur lequel étant monté, tu détacheras la chaine et le laisseras aller au gré des eaux, il arriveras au port où tu dois arriver. Je veux bien que tu sachès qu'avant d'arriver, tu auras à essuyer des dangers comme tu n'en as point encore essuyé de ta vie, ainsi je te laisse et te recommande à la garde de Dieu; je vous prie, dit Huon, de me recommander à mon Créateur. Huon se mit à genoux, et la voix lui dit : rassure-toi Huon, tant que tu seras prud'homme, tu seras secouru de Dieu, et viendras au but de tes désirs; mais auparavant tu auras bien des peines, et ensuite tu seras récompensé par toutes sortes de biens.

Huon l'ayant entendu, fut bien content, mais il était inquiet d'avoir appris que sa femme Esclarmonde était prisonnière dans la ville de Mayence, et que Gérasme et tous ses Barons étaient morts; il résolut en lui-même que l'Empereur le lui payerait bien cher. Alors Huon alla au jardin, où il cueillit des fruits en quantité pour porter dans le vaisseau; il vint ensuite à la fontaine auprès de laquelle était le pommier, il y cueillit ensuite trois pommes comme lui avait ordonné l'Ange de Dieu, il vint à la fontaine où il se désaltéra, il partit et prit par le petit sentier que l'Ange lui avait enseigné, il était entre le jardin et le ruisseau qui coulait et tombait dans le canal où était le vaisseau. Quand il y fut entré, il trouva des pierreries les plus belles et les plus riches que l'on put voir, on n'en pouvait estimer la valeur, tant elles étaient brillantes, les pierreries qui étaient dans le ruisseau jettaient un éclat si resplendissant sur le rocher, que Huon en était ébloui. Huon regarda le vaisseau qu'il trouva très-beau, ainsi que le canal sur lequel il était. Le Jardin où Huon avait choisi des fruits de quatorze sortes, y aboutissait ; il entra dans le vaisseau et pria Dieu de le conduire à bon port. Il détacha la chaîne et le vaisseau sortit du port : le canal sur lequel il voguait s'appelait Délaire. Le vaisseau voguait avec rapidité. Ainsi partit seul dans ce vaisseau, Huon qui ne désirait autre chose que de tirer Esclarmonde du danger où elle était.

Comme Huon étant dans son vaisseau passa sur un gouffre très-dangereux, et comme il arriva dans la Ville de Thauris en Perse.

Huon voguait ainsi dans son vaisseau qui était bordé d'ivoire, attaché avec des clous d'or, le pavillon était d'un blanc cristalin mêlé d'un riche cassidoine, au-dessus duquel était une chambre dont le plafond était tout en or et pierreries si brillantes, que malgré l'obscurité de la nuit, il y faisait aussi clair qu'en plein jour ; il y avait aussi un lit d'un prix considérable. Huon s'ennuyait beaucoup de se voir sans compagnie dans ce vaisseau, et de naviguer toujours entre deux rochers sans apercevoir ni Villes ni Châteaux.

Il y avait déjà trois jours et trois nuits qu'il était dans le vaisseau, lorsqu'il aperçut que les deux rochers qui bordaient le canal, commençaient à s'approcher et le couvrir, plus il avançait et plus il faisait obscur. Quand il fut monté à une certaine hauteur, le vaisseau voguait avec une rapidité extraordinaire. A une nuit très-obscure succédèrent un vent si violent et une grêle si terrible, qu'il semblait que le vaisseau dût être englouti. Huon fut saisi d'un froid si excessif qu'il ne pouvait se réchauffer, il entendit plusieurs voix qui gémissaient sur leur sort et qui regrettaient le moment de leur naissance, les éclairs redoublés annoncèrent des coups affreux de tonnerre, il se croyait au dernier de ses jours. Quand il avait faim, il mangeait des fruits qu'il avait rapporté, il se consolait ensuite sur ce que lui avait dit l'Ange, qu'il reverrait sa femme Esclarmonde et sa fille la belle Clairette. Après qu'il eût été l'espace de trois jours encore dans le vaisseau, il se mit sur le bord, et

entendit un bruit si fort, que l'on eût dit que le tonnerre tombait par éclats, et que tous les fleuves de l'univers tombassent du sommet des rochers, cet endroit était le gouffre situé entre les mers de Perse et l'Océan, où était déjà péris bien des vaisseaux.

Huon de Bordeaux, se voyant dans un si grand danger, se réclama à notre Seigneur Jésus-Christ, disant : Grand Dieu ! je vois bien qu'il faut que je périsse, daignez mettre mon âme en votre sainte garde. Aussitôt que Huon eut fini sa prière, il s'éleva une tempête si horrible, qu'à ce coup, Huon se crut tout-à-fait perdu ; il vit venir des bâteaux de fer ardens qui descendaient dans l'eau avec précipitation, leur chaleur faisait bouillonner et élever l'eau à une hauteur prodigieuse. Huon fut long-tems au passage du gouffre périlleux, le vent poussa son vaisseau avec tant d'impétuosité qu'il le fit sortir du fil de l'eau, et le poussa contre le rivage, et ne put aller plus avant ; Huon se voyant arrivé au bord, prit une rame pour sonder combien à-peu-près cet endroit pouvait avoir de profondeur, il trouva qu'il n'y avait que cinq pieds de profondeur, il jetta une corde pour parvenir au rivage, et quand il y fut, il descendit à terre et vit autour de lui une si grande lumière qu'il ne savait que penser, lorsqu'il s'aperçut que c'était des diamans qui étaient au fond de la rivière, Huon voyant cela, prit une rame dont il se servit pour en mettre dans son vaisseau, ce qui l'éclaira plus que dix flambeaux n'auraient pu faire. Quand Huon vit que son vaisseau était assez chargé, il remonta dessus, retira son ancre, prit sa rame et vogua au fil de l'eau, et navigua tant, qu'à peine un oiseau pouvait en suivre la vitesse, il fut dix jours entiers sans pouvoir sortir du gouffre, la faim qui le pressait l'avait rendu extrêmement faible, parce qu'il n'avait mangé que du fruit, enfin le onzième jour Huon entra dans la mer de Perse qui était très-calme, il vit le soleil luire, ce qui lui fit un si grand plaisir, qu'il oublia tous les dangers qu'il avait essuyé, il regarda devant lui, et aperçut de loin une Ville dont le port était rempli de vaisseaux et de galères, il

pensait que c'était une forêt; il en fut si
joyeux, qu'aussitôt il se mit à genoux, levant
ses mains au Ciel et rendit grâce à Notre-
Seigneur de l'avoir retiré de ce gouffre périlleux. La Ville que Huon avait aperçut
s'appelait Thauris en Perse, dont était Seigneur un très-puissant Amiral, qui avait
fait publier que tous Marchands qui voudraient venir dans sa Ville par terre ou par
mer, pouvaient y venir sans aucun empêche-
ment ni dommage, et de telle Religion qu'ils
fussent. Ce fut à ce port que Huon vint dé-
barquer; on y tenait alors une foire franche,
où quantité d'étrangers arrivaient en foule.
Huon se voyant au port, jeta l'ancre, et
ravi de se voir en terre ferme, il désira
savoir en quelle lieu il était abordé.

*Comme Bernard partit de Clugny, et se
mit à la recherche de Huon son cousin,
qu'il trouva dans la grande Ville de
Thauris en Perse.*

APRÈS la prise de Bordeaux, Bernard qui
était cousin de Huon, avait emporté
sa fille Clairette en Bourgogne, et la donna
à l'Abbé de Clugny, son parent, pour en
avoir soin. Bernard ayant resté huit jours
dans l'Abbaye, commençait à s'ennuyer, et
causant un jour avec l'Abbé, il lui dit : Sire,
j'aurais désiré périr avec mon cousin Gérasme
à la prise de Bordeaux. Quand je pense à
mon cousin Huon et à la duchesse Esclarmonde qui est dans une situation affligeante,
je ne puis que verser des pleurs. Quel sort
pour Huon lorsqu'à son retour, il verra
que sa Ville de Bordeaux est prise, ses hommes mis à mort, et sa femme dans une
étroite prison, où elle est dans un état déplorable; j'ignore si elle n'est point morte
de chagrin. Je vois que j'ai perdu tout espérance, encore si mon ami Huon est vivant
et qu'il revînt. Sire, je suis fâché qu'il est
parti, je ne m'arrêterai pas que je ne l'aie
trouvé et que je n'aie des nouvelles certaines
de lui. Cousin, dit l'Abbé, si vous voulez
vous charger de cette recherche, vous me
ferez un grand plaisir, je vous donnerai dix
mille florins pour vous en faciliter l'exécu-
tion. Sire, dit Bernard, je vous suis obligé.

L'Abbé alla à ses coffres, en tira de l'argent qu'il donna à Bernard, qui lui ayant
fait ses adieux, prit la route de Venise, il
y trouva un vaisseau prêt à partir pour le
Saint Sépulcre, il fut très satisfait de cette
rencontre; il s'embarqua avec les pélerins
et ils vinrent à Jasses où il descendit avec
les Pélerins qui avaient fait ce passage avec
lui. Ils s'étaient informés dans tous les ports
de mer, si l'on ne connaissait pas Huon,
mais ils n'en eurent aucune nouvelle. Bernard partit de Jasses et vint à Jérusalem où
il resta huit jours, quand il eut accompli
son pélerinage, il dirigea sa route vers le
Caire, de là, à Babylone, et se trouvant à
Gazette, près les déserts, il rencontra beaucoup de Marchands qui allaient à la foire
de Thauris. Il s'approcha d'eux et demanda
à un qui était marchand à Gênes, pourquoi tant de gens allaient ensemble en
voyage, car ils étaient beaucoup, tant
Chrétiens que Sarrasins, le Marchand
Genois lui répondit : Sire, je m'aperçois
aux questions que vous me faites, que vous
êtes français; vous saurez que dans huit
jours il doit y avoir une foire franche dans
la grande Ville de Thauris, où viennent
par mer et par terre, plusieurs Marchands
tant Chrétiens que Sarrasins, et il n'y a rien
au monde de ce que l'on peut désirer qui ne
s'y trouve; on y apprend aussi beaucoup de
nouvelles par les étrangers qui s'y rendent
en foule. Je vous ai dit où nous allions,
dites-moi maintenant où vous allez; et ce que
vous cherchez. Sire, dit Bernard, apprenez
que je suis Français, je cherche un chevalier
de Bordeaux, nommé Huon, il y a déjà
long-tems que je suis parti de mon pays sans
avoir pu m'instruire s'il est mort ou vivant.
Sire, dit le Genois, si vous en voulez savoir
des nouvelles certaines, venez avec nous au
Royaume de Perse. Bernard lui répondit :
je suis charmé de vous avoir trouvé, je ne
vous quitterai pas que vous ne soyez arrivé,
car je désir bien trouver celui que je cherche.
Les Marchands partirent et marchèrent ensemble jusqu'à la Ville de Thauris, lorsqu'ils furent arrivés, ils se logèrent chacun
particulièrement. Bernard fut pendant huit

jours à chercher dans la Ville s'il pourrait trouver Huon ; mais voyant ses recherches inutiles, il fut sur le port où il vit un petit vaisseau qui était si richement décoré, il le trouvait de plus beau en plus beau, car les pierres qui étaient dedans, répendaient un éclat éblouissant. Bernard fut surpris de n'y voir qu'un seul homme armé, il lui sembla que c'était un Chrétien, il s'approcha du vaisseau, salua Huon et lui dit : Sire, que Dieu vous donne bonne chance, vous me paraissez être Chrétien. Ami, dit Huon, que Dieu vous garde, il me semble vous avoir entendu dire que vous êtes de France, je le pense ainsi, parce que vous en parlez la langue avec beaucoup de facilité, je suis charmé de vous rencontrer, dites-moi, je vous prie, qui vous êtes, de quel pays, et ce que vous cherchez ? Sire, dit Bernard, puisque vous désirez savoir, je vous dirai le sujet de mon chagrin, mais cela ne vous intéressera peut-être pas beaucoup. Je suis né de la Ville de Bordeaux, où j'ai abandonné ma maison et mes biens pour chercher un Seigneur qui était Prince de la Ville de Bordeaux, il se nomme Huon ; il est parti de Bordeaux pour aller chercher du secours pendant que la Ville était assiégée, on ne sais pas depuis ce qu'il est devenu. Comme à son départ la Ville était assiégée par l'Empereur d'Allemagne, et qu'elle manquait déjà de vivres et de gens, l'Empereur a fait passer au fil de l'épée ceux que Huon y avait laissé, excepté trois cents prisonniers que l'Empereur a fait conduire à Mayence, il a fait emmener Esclarmonde, femme du Duc Huon de Bordeaux, et l'a fait conduire dans une prison où elle passe de tristes jours. Huon reconnut Bernard à ce triste récit, mais il ne put rien lui répondre, tant il avait le cœur serré d'avoir appris la prise de Bordeaux, la perte de ses hommes ; mais ce qui le chagrinait davantage, était la situation affreuse où était sa chère Esclarmonde, cet assemblage de malheurs, les mouvemens que Bernard son cousin s'était donné pour le chercher, tout enfin lui avait tant affecté le cœur qu'il ne put retenir ses larmes ; Bernard voyant qu'il ne lui répondait rien, et qu'il laissait échap-per des pleurs, lui dit : je vois bien que vous êtes Chrétien, comme vous me paraissez avoir beaucoup voyagé, je vous prie de me dire si vous n'avez point entendu parler de Huon de Bordeaux, car je le cherche depuis long-tems en plusieurs pays sans en avoir appris aucunes nouvelles, mais si vous ne m'en donnez, je n'ai plus d'espérance d'en avoir, je ne ferai même aucune recherche pour le trouver, mais je m'en irai dans un désert, où je ferai pénitence et prierai Dieu de me pardonner mes péchés. Je vous prie au nom de Dieu de me dire qui vous êtes, d'où vous êtes né, et d'où vous avez apporté tant de richesses dans votre vaisseau, car je pense bien qu'on n'en trouverait pas tant dans toute la France ; le Roi même ne serait pas assez riche pour en payer la valeur. Huon lui répondit : ami, je suis bien surpris de ce que vous venez de me dire, car je ne vois dans mon vaisseau ni or ni argent, je n'y vois que moi et mes armes. Bernard lui dit : faites attention, que si vous voulez vendre ce qui est dans votre vaisseau, vous pourriez l'emplir de pièces d'or, car le trésor que vous avez est d'un prix immense. Huon surpris du discours que lui tenait Bernard, regarda au fond de son vaisseau et vit que c'était des pierreries auxquels il n'avait pas pris garde, car il n'avait pensé jeter que du gravier pour lester son vaisseau, afin de voguer plus en sûreté. Bernard lui demanda ensuite où il avait trouvé toutes ces pierreries, car poursuivit-il, il n'y en a pas une dont je ne connaisse la qualité, parce que depuis un an j'ai été avec un lapidaire, le meilleur connaisseur qui soit au monde, il m'a enseigné la manière de s'y connaître, je pense que le lieu où vous les avez trouvés, est un lieu saint. Ami, dit Huon, vous saurez la vérité, je vous dirai que le hazard me conduisit au gouffre de Perse, où j'ai eu bien des peines, et dont grace au Ciel, je suis heureusement sauvé, le vent poussa ensuite mon vaisseau au bord ; quand je vis la terre-ferme, je sortis de mon vaisseau dont je pris une rame pour jeter du gravier dedans afin de l'appesantir, je ne fi pas attention si c'était des pierreries.

je n'y regardais que pour savoir si j'en avais assez jeté, je rentrai dans mon vaisseau, et voguait mieux qu'auparavant; ce fut là où je pris ces pierreries que vous dites être d'un si haut prix. Sire, lui demanda Bernard, à quoi vous sert cette patte d'oiseau que je vois, je ne sais si elle est d'oiseau de dragon ou de quelqu'autre bête, car elle est bien grosse et hideuse. Je vous le dirai, lui répondit Huon, mais avant ce, je vous prie de me dire quelle est la valeur de ces pierreries et dans quelle ville je suis arrivé? Sire, répondit Bernard, cette ville a nom Thauris, dont est Seigneur un riche Amiral, qui est Seigneur de toute la Perse et de Mede, quand il sera prévenu de votre arrivée, il voudra avoir son tribut comme des autres marchandises, mais vous lui donnerez seulement deux de vos pierreries pour son tribut, car l'Amiral est une homme vertueux et très-ferme en sa loi. Huon lui répondit je vous remercie des offres que vous me faites, mais je vous prie de me faire la distinction des pierreries qui sont dans mon vaisseau, nous choisirons toutes les plus belles et les séparerons. Quand Bernard vit que Huon le priait de lui faire connaître les différentes qualités des pierreries, il descendit dans le vaisseau et lui en fit distinguer dabord six qu'il sépara d'avec les autres qu'il mit sur l'écu de Huon, il en choisit ensuite trente qu'il fit voir à Huon et lui dit : Sire, ces trente pierres que vous voyez, sont d'un prix si considérable, qu'il n'y a point de Roi assez riche pour en payer la valeur, principalement de cinq que j'aperçois. A ces paroles Huon fut bien joyeux, il ôta son casque et questionna encore Bernard.

Comme Huon de Bordeaux et Bernard son cousin se reconnurent et se racontèrent leurs aventures.

Huon n'eut pas plutôt ôté son casque, qu'il devint vermeil comme une rose; Bernard fut si charmé de le voir qu'il ne put s'empêcher de lui dire: Sire, j'ignore qui vous êtes, mais vous ressemblez tant à mon Seigneur Huon que je cherche depuis long-tems, que je crois que c'est vous; embras-

sons-nous, dit Huon, je suis celui que vous cherchez. Ils s'embrassèrent et se témoignèrent l'un à l'autre la joie qu'ils avaient de se trouver, quand ils eurent cessé leurs embrassemens, Huon demanda à son cousin, qu'il lui raconta toutes les aventures qu'il avait eu depuis son départ. Sire, lui répondit Bernard, je vous satisferai, mais je vous prie de me dire premièrement celles que vous avez eu depuis votre départ de Bordeaux. Huon lui répondi : si j'entreprenais de vous raconter toutes mes aventures depuis que je vous quittai, je deviendrais ennuyeux, je vous en dirai seulement les particularités. Huon lui raconta alors comme une tempête avait tourmenté, huit jours durant, le vaisseau sur lequel il était monté, de la manière dont il parla à Judas, comme ils arrivèrent au Château de l'Aymant, comme ses gens y moururent, comme il monta au château, tua le serpent, il lui parla de la beauté du château, de la manière dont il s'était laissé emporter par le Griffon qu'il tua ainsi que cinq de ses petits, et que c'était une des pattes du gros Griffon qu'il voyait dans son vaisseau; il lui parla ensuite de la fontaine de Jouvence et du vaisseau qu'il voyait, dans lequel un Ange lui avait dit de monter. Il passa ensuite aux dangers auxquels il avait été exposé en passant au Gouffre de Perse, et la violence du vent qui l'avait poussé au bord, où il avait chargé ses pierreries qu'il ne croyait être que du gravier, et que de cet endroit, il était venu au port de la Ville de Thauris où ils venaient de se reconnaître. Quand Bernard l'entendit, il l'embrassa et lui dit tout attendri : Très – vertueux Chevalier, que de courage Dieu vous a donné ! vous devez lui en rendre bien des actions de graces. Je lui en dois encore de plus grandes du bonheur qu'il m'a procuré de vous voir, j'espère que vous voudrez bien aussi me dire ce qui s'est passé depuis que je suis sorti de Bordeaux. Alors Bernard lui raconta comment la Ville de Bordeaux avait été prise, le vieux Gerasme tué, Esclarmonde sa femme emmenée par l'Empereur aux prisons de Mayence, et comment sa fille Clairette avait été apporté à l'Abbaye de Clugny. Huon fut bien triste au récit e ces nouvelles, il jura dès ce moment la perte de l'Empereur. Calmez-vous, lui dit Bernard, priez Dieu de vouloir bien vous secourir, c'est le seul moyen de réussir dans vos entreprises, ainsi Bernard consolait Huon qui lui demanda ensuite de quelle vertu étaient les pierreries qu'il avait séparées ? Bernard lui répondit dans les cinq que vous voyez, celle-ci a la vertu d'empêcher que celui qui la porte, ne puisse être empoisonné, elle a aussi celle de faire que celui qui la porterait, pourrait sans aucun risque, passer à travers des flammes sans se brûler, et passer la rivière sans enfoncer dans l'eau. Huon la prit et la retint pour lui; Bernard en prit une autre qui avait une telle vertu que celui qui la porterait n'aurait ni faim ni soif, il ne pourra aussi vieillir, c'est-à-dire qu'il paraîtrait toujours n'avoir que trente ans, et que sa santé ne paraîtrait pas s'altérer. Huon la prit et dit qu'il la conserverait; Bernard lui dit : Voyez cette autre pierre, elle est d'une si grande vertu que celui qui la porterait, ne pourrait être blessé ni vaincu par son ennemi, que si quelqu'un de la famille de celui qui la porterait était aveugle, et qu'il la touchât, il recouvrirait aussitôt la vue, si au contraire celui qui la porterait avait un ennemi, qu'il lui montrât la pierre, son ennemi deviendrait aussitôt aveugle, cette pierre a encore la vertu de guérir une plaie en l'appliquant dessus. Huon la prit et dit qu'il la garderait. Bernard lui en montra encore cinq autres dont la vertu était de rendre la santé à telle personne que ce fût, elles ont de plus celle de faire qu'un homme qui serait en prison, pourrait rompre ses fers, de plus, que celui qui la tiendrait en sa main, aurait le pouvoir de devenir invisible, Bernard la prit et la serra dans sa main, il devint aussitôt invisible aux yeux de Huon, qui fut bien surpris et fâché de ce qu'il ne voyait plus Bernard, et dans l'excès de sa douleur, il s'écria : grand Dieu ! Vous m'aviez fait la grâce de retrouver mon cher cousin Bernard, avec qui je pensais retourner en mon pays, mais je vois bien qu'il est parti et perdu pour

moi, Bernard qui l'entendait ne put s'empêcher de rire, Huon qui l'entendit s'avança en étendant les bras et le retint. Bernard se sentant pris, ouvrit la main et reparut aux yeux de Huon qui eut bien du plaisir de voir la vertu dont cette pierre était douée, il la prit la mit encore à part, promettant d'en avoir encore plus de soin que des autres. Bernard chercha dans toutes les pierreries et trouva dans le fond une Escarboucle si brillante qu'elle aurait éclairée autant que deux flambeaux ardens, Bernard la prit, la donna à Huon et lui dit : sachez que celui qui portera cette pierre sur lui, pourra passer la rivière, sans craindre d'y enfoncer, et s'il veut marcher la nuit, il n'aura pas besoin de se servir d'autre lumière que de la clarté que répand cette pierre ; il pourra aussi aller en bataille sans risquer d'être tué ni son cheval tomber de fatigue. Huon qui avait entendu Bernard, se mit à rire, il prit cette pierre et la mit avec celles qu'il avait déjà choisi. Comme ils conversaient ensemble, plusieurs marchands Sarrasins qui examinaient avec attention la beauté de ce vaisseau et la richesse des pierreries qui y étaient, disaient entr'eux que ces pierreries valaient plus que toutes les marchandises qui étaient dans le port ; ils s'approchèrent du vaisseau, ils saluèrent Huon, et lui dirent : Sire, voulez-vous nous vendre quelques-unes de vos pierreries, nous sommes venus plusieurs dans le dessein d'en faire acquisition. Huon leur répondit : je n'en vendrai pas une d'ici à demain matin ; il y vint aussitôt une affluence de Sarrasins et de Payens qui admiraient tous la beauté du vaisseau de Huon. Cela fit tant de bruit que l'Amiral de Perse en eut des nouvelles, il vint accompagné de ses Barons au port où le vaisseau était à l'ancre. Quand l'Amiral fut arrivé au port, il admira la richesse du vaisseau qu'il trouva bien éclatant à cause des pierreries qui étaient dedans, il s'approcha du vaisseau où il trouva Huon et Bernard qui se levèrent quand ils virent l'Amiral; il leur dit : Je vois bien que vous êtes Chrétiens, ainsi il faut me payer le tribut qui m'est dû selon l'usage de ce pays. Huon lui répondit, il est juste de vous payer ce que nous vous devons, recevez ces deux pierres que je vous donne de bon cœur. L'Amiral prit les pierres, les regarda avec attention, remercia Huon et lui dit vous pouvez désormais aller librement dans la ville pour vendre vos marchandises car le présent que vous m'avez fait me vaut plus que quatre villes du Royaume L'Amiral était bien charmé d'avoir ces pierres, il en connaissait les propriétés, l'une avait la vertu d'empêcher qu'un homme qui la porterait sur lui, ne fut empoisonné, et que celui qui aurait la méchanceté de l'entreprendre, serait lui-même empoisonné et mourrait sur-le-champ devant celui qui porterait cette pierre sur lui; l'autre avait la propriété de faire que celui qui la porterait ne pourrait périr ni par le feu ni par l'eau. Vassal, dit l'Amiral de Perse, je vous donne, pour le plaisir que vous me venez de faire, la liberté d'aller tant en Perse qu'en Mede, sans que personne vous empêche de vendre vos pierreries. Je désirerais bien savoir par quelle aventure vous êtes arrivé dans ce pays et dans quel lieu vous avez trouvé tant de pierres précieuses, j'entendrai bien ce que vous me direz, car je connais que vous êtes Français, parce que j'ai été assez long-tems en France, j'ai même servi à la Cour du Roi Charlemagne, sans y être connu.

Comme l'Amiral de Perse témoigna bien des amitiés à Huon de Bordeaux, et l'emmena dans son Palais où il fut bien traité.

Huon voyant l'air respectable de l'Amiral, lui dit: Sire, comme vous me paraissez être sincère et franc, vous saurez au juste l'histoire de mes aventures. Je suis Français, né dans une ville que l'on nomme Bordeaux, dont je suis parti il y a deux ans, j'ai eu depuis bien des misères à supporter. J'avais emmené avec moi sept chevaliers, mais nous étions à peine en haute mer, qu'une tempête affreuse qui s'éleva, nous fit entrevoir notre dernière heure, nous fûmes dix jours entiers flottans entre la crainte et l'espoir; le onzième jour enfin, nous arrivâmes à un gouffre où nous pensions périr; mais Dieu qui n'oublie jamais ceux qui mettent en lui toute leur confiance, nous fit aborder au port du Château de l'Aymant. Alors il raconta à l'Amiral toute la beauté du Château, comme ses gens y moururent presque tous de faim; de ceux qu'il laissa dans le Château; il lui raconta ensuite de quelle manière il en était sorti; du Griffon qui l'emporta, et comme il lui coupa la patte en combattant contre lui, comme il tua ses petits Griffons; il montra ensuite à l'Amiral la patte du grand Griffon, qu'il avait suspendue dans son vaisseau; il lui parla de la fontaine dans laquelle il s'était baigné; du beau verger et de l'arbre qui était auprès de la fontaine, de la vertu du fruit, comme il en cueillit, et comme l'Ange lui défendit d'en prendre davantage; comme après s'être baigné dans la fontaine, il fut guéri de toutes les blessures que les Griffons lui avaient faites. Sire, continua-t-il, sachez que de cet arbre dont je vous ai parlé, j'en ai cueilli trois pommes par le commandement de l'Ange, je les ai mis ensuite dans mon sein; l'Ange m'a montré le chemin pour descendre du rocher, au-dessous duquel je trouvai une rivière sur laquelle je vis ce vaisseau que vous voyez, dans lequel j'entrai. Il s'éleva un vent qui fit aller le vaisseau avec rapidité et le poussa jusqu'au gouffre de Perse, où il avait été huit jours, et que c'était dans cet endroit qu'il avait ramassé ces pierreries; enfin, dit-il, grâces au Seigneur, j'en suis échappé sain et sauf. L'Amiral ayant entendu Huon, qu'il n'avait de sa vie entendu raconter tant de merveilles, et dit à Huon: tout ce que vous venez de me dire me surprend beaucoup, car depuis que le monde existe, on n'a pas entendu dire qu'il en soit échappé un seul de ce gouffre affreux: vous pouvez croire bien fermement que vous êtes aimez du Dieu que vous adorez, puisqu'il vous a retiré sain et sauf de ce gouffre périlleux. Votre Dieu est bien puissant, il aime bien ceux qui le servent, puisqu'il les préserve de pareils dangers; il vous a sauvé du gouffre, ensuite du Château de l'Aymant, dont personne ne peut sortir; il vous a fait remporter la vic-

toire

toire sur les Griffons, et vous devez bien aimer le Dieu qui vous fait tant de grâces. Je désirerais être baptisé et embrasser votre loi, je pense que si mes Barons le savaient, ils me feraient bientôt mourir, car je ne pourrais résister contr'eux. Sire, dit Huon, pour que vous soyez plus ferme et plus convaincu de la solidité de notre Religion, j'ai trois pommes qui ont une si grande vertu, que si vous voulez croire en Jésus-Christ, je vous en donnerai une à manger, aussitôt que vous l'aurez mangée, vous paraîtrez aussi jeune que si vous n'aviez que trente ans : votre beauté et votre jeunesse reparaîtront dans tout leur éclat, tant âgé soyez-vous, pourvû que vous croyez à la Loi de Jésus-Christ. Vassal, dit l'Amiral, s'il est vrai, comme vous me le dites, que pour manger de cette pomme, je puisse revenir à la jeunesse dans laquelle j'étais à l'âge de trente ans, telle chose qui me doit arriver, je me ferai baptiser, et je croirai à la Loi de Jésus-Christ, pour ne l'abandonner jamais; car la Loi de Mahomet est fausse et détestable. Il n'est pas possible de ne se pas rendre à votre Loi, et je ferai en sorte que tout mon Royaume s'y rende ainsi que moi. Sire, dit Huon, si c'est votre désir, je vous donnerai la pomme que vous mangerez en présence de tous vos Barons, qui vous voyant rajeunir, ne pourront certainement s'empêcher de croire en Dieu et de renoncer à la Loi de Mahomet. Vassal, dit l'Amiral, je crois que ce que vous me dites est vrai, j'en veux essayer pour savoir ce que c'est, alors il prit Huon par la main et ils sortirent du vaisseau; Huon y laissa Bernard pour le garder. Tout le peuple sortit de la ville pour voir le beau vaisseau; il était étonné de l'honneur que l'Amiral faisait à Huon, car il le tenait toujours par la main jusqu'à ce qu'ils arrivèrent au Palais; que de regards ils attirèrent en passant par la ville qui était remplie alors de gens de toutes sortes de nations, car Huon était un des plus beaux hommes que l'on pût voir dans ce tems. Quand ils furent arrivés au Palais, l'Amiral ﬁt préparer un grand festin, il invita Huon à venir se mettre à table où ils furent servis splendidement. Après le repas, l'Amiral ﬁt mander ses Architectes et leur ordonna de faire construire sur une grande place un théâtre extrêmement vaste, paré et tendu de riches tapisseries en soie et or; il ordonna que l'on y plaçât plusieurs sièges, et ﬁt mander tous les Barons et Chevaliers qui étaient venus dans la ville pour voir la foire et la richesse des marchandises qui étaient arrivées dans Thauris, de se trouver tous à certaine heure prescrite, ce à quoi ils obéirent. Il y en vint de plusieurs nations et ils se trouvèrent au nombre de cent cinquante mille hommes. Quand ils furent tous arrivés sur la place, l'Amiral prit Huon par la main, ayant plusieurs Barons à sa suite et étant monté sur le théâtre, il avança sur le bord et dit aux Barons et au Peuple : Seigneurs, qui par mes ordres vous êtes ici assemblés, sachez que la confiance que j'ai en vous, m'engage à vous montrer à vous et à moi la voie pour arriver à la vie éternelle, car sᵢ malheureusement nous venions à mourir actuellement, nous serions perdus vous et moi par la fausse et détestable loi de Mahomet que nous avons embrassée. Je vous conseille et vous prie, au nom de l'amitié que vous me portez, de délaisser la loi de Mahomet, et de prendre celle de Jésus-Christ, qui est très-sainte par les miracles qu'il a déjà opéré sur ce pauvre Chevalier que vous voyez auprès de moi. Alors l'Amiral raconta au peuple et aux Barons toutes les aventures de Huon, comme il avait été au Château de l'Aymant, comme il avait été emporté du Griffon qu'il avait tué, ainsi que ses cinq petits; il leur parla ensuite de la fontaine, du verger, du fruit de l'arbre, et comme il avait passé les deux gouffres où il avait pris les riches pierreries qu'il avait emmené, ce qu'il n'eût pu faire si Dieu ne l'eût secouru; en outre je vous ferai voir les miracles évidens que Jésus-Christ fera sur moi, si je veux embrasser sa loi; car ce Chevalier m'a dit que si je voulais croire à son Dieu, il me ferait manger d'un fruit par lequel je reviendrai à l'âge de trente ans, et paraîtrai très-jeune. Seigneur, si Jésus-Christ me fait cette grâce, je me ferai baptiser. Le peuple répondit d'une voix unanime et dit : Sire, si ce que vous nous avez dit est véritable, et que cette grâce vous soit accordée, nous consentirons tous d'un bon accord d'embrasser la loi de Jésus-Christ, et nous quitterons celle de Mahomet dans laquelle nous avons été instruit dès notre naissance. Nous avons bien de la peine à croire que cela arrive, car s'il arrivait ainsi, on n'aurait jamais entendu parler d'un miracle pareil.

Comme l'Amiral après avoir mangé la pomme que Huon lui avait donné, parut aussi jeune qu'il l'était à trente ans; pour cela l'Amiral et tout le peuple de Perse et de Mède furent baptisés, et Huon reçut grand honneur

QUAND Huon vit que les Barons étaient contens de quitter leur loi pour croire en celle de Jésus-Christ, il rendit des actions de grâces à Dieu, et dit à l'Amiral : Seigneur, mangez la pomme que je vous ai donnée, afin que le peuple voye la puissance infinie de mon Dieu; l'Amiral prit la pomme et commença à la manger, insensiblement ses cheveux qui étaient blancs ainsi que sa barbe, commencèrent à changer et à devenir blonds, à mesure qu'il mangeait, sa jeunesse et sa beauté reparaissaient comme à l'âge de trente ans. Alors le peuple généralement, et tous les Barons d'une voix commune, s'écrièrent et demandèrent le baptême; l'Amiral et Huon furent bien satisfaits. L'Amiral ne pouvait contenir la joie qu'il ressentait de se voir revenu dans sa première jeunesse, il était beau et droit; le peuple était ravi de voir un si beau Prince. L'Amiral prit Huon par la main et lui dit : mon ami, béni soit le moment où vous êtes venus ici, car vous avez mis mon peuple et moi dans la voie du salut; pour vous en récompenser, je prétends que dans mon Royaume vous soyez respecté et honoré autant que moi; il embrassa plusieurs fois Huon en lui disant : cher ami, heureuse la mère qui vous a porté dans son sein. Les Payens et Sarrasins qui étaient là, admiraient la beauté de l'Amiral opérée par un grand miracle, ils se disaient entr'eux qu'ils n'avaient jamais entendu de tels dis-

cour, ils disaient aussi que celui qui ne quitterait pas la loi détestable de Mahomet, serait à jamais maudit; ils s'écrièrent ensuite : O très-noble et puissant Amiral, priez ce prud'homme qui est auprès de vous de nous baptiser tous. Il y avait dans cette ville un Evêque de Grèce, qui était venu en embassade auprès de l'Amiral, de la part de l'Empereur de Constantinople; il entendit les clameurs que faisait le peuple, il en fut bien aise et vint auprès de l'Amiral et de Huon qui étaient là, il leur dit qu'ils pouvaient se faire baptiser par son ministère; il fit alors emplir d'eau quatre cuves et commença à baptiser l'Amiral, il le nomma Huon, parce que Huon fut le parrain, les Barons et le peuple furent ensuite baptisés et crurent à la loi de Jésus-Christ. Quand tout le peuple fut baptisé, l'Amiral bien joyeux retourna avec Huon en son palais, et ce jour fut une fête générale pour toute la ville. Il y avait des marchands chrétiens qui avaient emmenés avec eux des Prêtres au nombre de quinze qui aidèrent l'Evêque à baptiser un si grand nombre d'hommes, de femmes et d'enfans : l'Amiral était en son château où il faisait des honneurs à Huon; il lui dit : Vassal, vous avez bien des grâces à rendre à Notre-Seigneur, qui, par vous, a transmis sa sainte loi dans deux Royaumes, qui sont la Perse et le Mède; de plus, apprenez que dans ces deux Royaumes, vous pourrez faire votre volonté, sans qu'il y ait personne assez hardi pour s'y opposer en aucune manière, et pour vous prouver combien je vous estime, si vous n'êtes lié à aucune femme, je n'ai qu'une seule fille, je vous la donnerai en mariage. Sachez que c'est le grand désir que j'ai de vous avoir dans ces lieux, qui m'engage à vous faire cette proposition; car je n'ai qu'elle d'héritière, ainsi après ma mort, vous seriez possesseur de mes Royaumes; pour le présent, je vous donne la moitié du revenu de mes Royaumes, pour vous engager à rester ici.

Des plaintes que fit Huon contre l'Empereur d'Allemagne, et du secours que l'Amiral de Perse lui promit.

HUON répondit aux instances que lui faisait l'Amiral, et lui dit : Sire, il y a quarante ans passés que je suis marié avec une femme noble et belle, hélas ! lorsque je pense à la situation douloureuse où elle est actuellement, mon cœur se déchire ; je vous remercie des offres avantageuses que vous venez de me faire, et je prie Notre-Seigneur de vous en récompenser. Huon, lui répondit l'Amiral, puisque vous êtes marié, ma proposition devient de nulle valeur, mais je vous prie de me dire quel est le sujet du malheur de votre épouse, et quel est le prince Chrétien qui ose lui faire tant de peines. Sire, répondit Huon, quand je suis sorti de France, je laissai ma ville de Bordeaux assiégée par l'Empereur d'Allemagne, il s'en est emparé, a fait mourir la plupart de mes gens, fait le reste prisonniers, et a emmené ma femme qu'il a fait enfermer dans une prison où elle est dans une extrême misère, c'est pourquoi toutes les fois que je réfléchis à son triste état, mon cœur est oppressé par la colère et la douleur. L'Amiral le consola et lui dit : Ne vous chagrinez pas davantage et reprenez votre gaîté, je vous promets au nom de la sainte loi dans laquelle vous m'avez initié, que je vous rendrai tel secours et ferai une guerre si sanglante, que l'Empereur qui vous fait tant de maux, sera contraint par force de restituer tout le tort qu'il vous aura fait ; car je menerai avec moi tant de soldats que les montagnes et les vallées en seront remplies. Sire, dit Huon, je vous remercie bien humblement des secours que vous m'offrez ; mais s'il plaît à Notre-Seigneur de me préserver des dangers, il m'aidera sans que j'aie besoin de faire la guerre ni de détruire la chrétienté. J'irai premièrement au Saint Sépulcre, je m'en retournerai ensuite dans mon pays où étant arrivé, je ferai ensorte de retirer ma femme Esclarmonde de la peine où elle est. Sire, vous saurez que la femme que j'ai épousée est fille de l'Amiral Gaudisse, qui était Roi d'Egypte. Alors Huon lui raconta exactement la manière dont il se servit pour avoir la belle Esclarmonde, ce qui attira beaucoup la surprise de l'Amiral ; car Huon n'oublia aucune circonstance de son histoire, tous ceux qui en étaient témoins furent bien

surpris et se disaient les uns aux autres que, si Huon n'eut pas été aimé de Dieu, il n'aurait jamais pu échapper à tant de dangers qu'il avait encouru. Huon continua ainsi le détail de ses malheurs : malgré que l'Empereur se soit emparé de ma ville, mis mes gens à mort et fait les autres prisonniers, il a encore envahi mes terres et Seigneuries ; mais s'il plaît à Dieu, je ferai tant que je les aurai toutes ; et si je ne puis, je vous le ferai savoir et j'espère que vous voudrez bien me secourir. L'Amiral lui répondit : chassez toute votre mélancolie, car si vous ne pouvez réussir à combattre cet Empereur, je vous amènerai des forces innombrables, je vous ferai bien rendre votre femme, vos hommes, vos terres et seigneuries, je ferai prendre l'Empereur que je vous remettrai entre vos mains pour en disposer à votre volonté. Huon lui répondit : Sire, je vous remercie, mais il faut que j'en agisse d'une autre manière, car lorsque je me trouvai au gouffre de Perse, je fis vœu que si par la grâce de Dieu, j'en sortais sain et sauf, j'irais au Saint Sépulcre en pèlerinage, et ferais la guerre aux Sarrasins, mais que je ne la ferais pas aux Chrétiens, car ce n'est pas la loi ; je les servirais de bon cœur, car depuis que j'existe, je n'ai point fait la guerre aux Chrétiens. Vous avez eu raison, répondit l'Amiral, mais s'il plaît à Notre-Seigneur, je ferai avec vous le voyage du Saint Sépulcre ; je menerai avec moi cinquante mille hommes pour faire la guerre aux Payens et Sarrasins qui ne voudront pas croire en Dieu, et je ferai tous mes efforts pour affermir la loi de Jésus-Christ. Huon lui répondit qu'il ferait des actions méritoires et qu'il s'acquerrait sur terre une grande réputation et enfin la couronne de la gloire dans le Royaume des Cieux.

Comme l'Amiral de Perse assembla un grand nombre de soldats, s'embarqua avec Huon et vinrent aborder au port de la ville d'Angorie, où il se trouva un grand nombre de Payens et de Sarrasins prêts à défendre le port.

L'AMIRAL après avoir conversé un certain espace de tems avec Huon, fit écrire des lettres qu'il envoya dans la Perse et la Mede, pour que tous ses gens eussent à se tenir prêts et armés pour partir avec lui; il leur fit savoir qu'ils appareillassent leurs vaisseaux pour pouvoir mettre à la voile; ses ordres furent exécutés comme il le désirait, ils se rendirent tous au jour qu'il leur avait assigné. Pendant cet intervalle, Huon et Bernard se promenaient souvent ensemble dans la ville de Thauris, où ils étaient comblés d'honneurs, dont ils rendaient grâces à Dieu; l'Amiral de Perse assembla une grande armée qu'il fit embarquer avec des armes et des chevaux. Huon qui désirait en toutes choses obliger l'Amiral, fit avancer son vaisseau et fit décharger les riches pierreries qui étaient dedans, il les fit mettre dans un vaisseau que l'Amiral lui avait donné, il vint à lui et lui dit : Sire Amiral, je sais bien que le vaisseau sur lequel je suis venu, n'est pas propre à aller en guerre, ainsi je vous prie de le recevoir en présent, l'Amiral remercia Huon du vaisseau qu'il lui avait donné, car il n'y en avait pas au monde de plus beau ni de plus riche.

Quand Huon eut donné son vaisseau à l'Amiral, il en fit tirer dehors toutes les pierreries, il en donna beaucoup à l'Amiral et aux Barons qui l'en remercièrent, il ne lui en resta que trois cents. Quand il eut donné à l'Amiral et aux Barons les pierreries, il monta sur le vaisseau de l'Amiral, alors les Barons et les soldats entrèrent dans les vaisseaux qui étaient fournis de tout ce qui leur était nécessaire tant en vivres que munitions. L'Amiral ayant prit congé de sa fille et toutes ses troupes étant embarquées, il fit lever l'ancre et mettre à la voile, le vent qui soufflait avec force, les éloigna bientôt du port. C'était une belle chose à voir que leur départ, on entendait retentir le bruit de plusieurs instrumens, qui était répété par les échos. Huon et Bernard étaient bien joyeux des grâces que Dieu leur faisait; ils voguèrent tant qu'ils descendirent dans la mer Caspienne : ils découvrirent de loin une ville bâtie sur le bord de la mer, que l'on nommait Angorie, dans laquelle était un Amiral très-riche; comme il était dans ce moment monté sur une des tours de son palais, il aperçut venir la puissante flotte qui venait descendre au port de sa ville, il fut bien surpris, et reconnut aux pavillons qui étaient arborés que c'étaient des vaisseaux de Perse, mais il fut surpris de voir au-dessous de la proue, des grands pavillons blancs sur lesquels étaient empreintes des croix, il descendit de la tour et dit à ses Barons qu'il s'étonnait beaucoup à qui pouvoit être cette flotte, il dit ensuite que depuis que sa ville avait été prise par Regnault de Montauban, il n'avait point vu de Chrétiens arriver à son port, il se trouvait encore plus étonné des enseignes qu'il voyait aux vaisseaux de Perse, il fit aussitôt publier par toute la ville que l'on se mit en armes pour empêcher les Chrétiens de prendre terre sur eux. Alors le bruit des tambours et des trompettes se fit entendre par toute la ville et sur la mer. L'Amiral de Perse et tous ceux qui étaient avec lui, pouvaient les entendre; l'Amiral dit à Huon, qu'ils auraient bien de la peine de descendre au port de la ville. Sire, dit Huon, quels sont les habitans de cette ville, et qui en est le maître? Huon, lui répondit l'Amiral, sachez que cette ville que vous voyez est grande et peuplée de gens qui ne croyent point en Dieu; elle fut prise par un Baron de France, qui se nommait Regnault de Montauban, il l'avait rendue chrétienne, mais depuis elle a été reprise sur les chrétiens par la fille de l'Amiral qui en était alors le maître, ils sont tous maintenant Payens et Sarrasins, qui nous attendent sur la mer pour nous défendre l'entrée de leur port. Nous devons bien, dit Huon, remercier Notre-Seigneur Jésus-Christ de ce qu'il nous donne occasion de combattre les ennemis de la religion chrétienne, et s'il lui plaît, il nous fera la grâce de remporter la victoire sur eux, et de nous faire emporter la ville d'assaut et prendre prisonniers tous les habitans. L'Amiral lui dit : plaise à Dieu de nous faire remporter la victoire, combien d'actions de grâces nous aurons à lui rendre, si nous avons le bonheur de réussir dans notre entreprise. L'Amiral ordonna à tous les soldats de sa flotte de s'armer et de se tenir prêts, ils s'aperçurent qu'il y avait à une demi-lieue de la ville un port qui n'était nullement défendu, parce que l'Amiral d'Angleterre ne voulait pas s'éloigner de la ville qu'il n'eût vu la contenance des ennemis qui s'étaient avancés et avaient jetés leurs ancres et mis sur le bord des vaisseaux les arbalétiers pour s'emparer du port, ils s'en emparèrent sans risquer aucun danger. Les vaisseaux s'approchèrent de la terre et firent sortir les armes et les chevaux, l'Amiral et Huon descendirent ensuite et ceux qui étaient avec eux, excepté quelques-uns qui restèrent pour garder les vaisseaux. Quand tous les soldats furent descendus, Huon et l'Amiral montèrent à cheval et firent monter les soldats à cheval et ils furent distribués en trois parties dont la première fut donnée à Huon pour la conduire, elle était composée de mille homme; c'était un Baron de Perse qui conduisait la seconde, et qui était Maréchal de l'armée: ce fut l'Amiral de Perse qui conduisait la troisième, il allait de rang en rang encourageant ses soldats. Ils s'avancèrent insensiblement vers la ville d'Angorie.

Comme l'Amiral et Huon de Bordeaux prirent le port, s'emparèrent de la ville, battirent l'Amiral, et comme Huon s'en fut aux déserts d'Abillan pour chercher des aventures.

Lorsque l'Amiral d'Angorie s'aperçut que nos gens avaient pris terre, et qu'ils s'avançaient déjà vers la ville prêts à l'assiéger, il distribua son armée en quatre corps différens, qu'il donna à conduire à qui bon lui sembla, il se mit en chemin et vint au-devant des Chrétiens avec plus de cinquante mille hommes. Quand les deux armées furent au-devant l'une de l'autre, il n'y eut personne qui ne trembla de ses jours. Alors ils piquèrent leurs chevaux de part et d'autre de manière qu'il s'éleva une poussière si forte que le Soleil en était presqu'obscurci ainsi que par les traits qui volaient en quantité; il y eut en ce combat bien des lances de rompues et beaucoup de Chevaliers tués, d'autres blessés qui étaient tombés entre les pieds des chevaux et qui étaient prêts d'ex-

pirer. La plaine était couverte de chevaux qui couraient les rênes sur le cou, parce que leurs cavaliers étaient renversés dans le sang et la poussière; il y eut cette journée un combat terrible tant de part que d'autre. Huon volait de rang en rang, et mit à mort un si grand nombre de Payens, qu'ils le redoutaient tous comme leur plus cruel ennemi, il aperçut dans la mêlée le neveu de l'Amiral d'Angorie, qui avait tué un Chevalier Chrétien, il baissa sa lance et le Payen le fit aussi, ils vinrent l'un contre l'autre avec tant de force que le Payen rompit sa lance sur Huon, mais Huon ne le manqua pas. il frappa le Payen d'un si terrible coup. qu'il lui passa sa lance au travers du corps; il vint aussi contre un autre auquel il donna un si grand coup qu'il lui perça l'ecu et le corps d'outre en outre, il vint au tiers et au quart, il en fit autant comme aux autres; il fit si bien qu'il en tua huit avant que sa lance fut rompue, il tira ensuite sa bonne épée, et se mit dans la mêlée; il faisait un tel carnage que c'était horrible à voir, il leur abattait la tête, personne n'osait en approcher, et ils le redoutaient comme l'alouette fait de l'épervier. Il perçait à travers les escadrons et se faisait tant appréhender, que tous fuyaient devant lui; car il ne frappait pas un homme qu'il ne le renversât: d'un autre côté, il y avait Bernard son cousin qui le suivait et qui était un des forts et vaillans Chevaliers; d'autre côté l'Amiral d'Angorie faisait tous ses efforts pour détruire nos gens. il aperçut l'Amiral de Perse qui combattait avec intrépidité et détruisait beaucoup de ses gens; il vint contre lui la lance à la main, l'Amiral de Perse vint aussi contre lui, ils se luttèrent avec tant de force qu'ils tombèrent tous deux de dessus leurs chevaux ils se relevèrent aussitôt l'épée à la main ne désirant rien autre chose que de se détruire l'un ou l'autre, ce qui serait arrivé s'ils n'en eussent été empêchés par leurs gens, qui tant Payens que Sarrasins accoururent en foule pour les empêcher de s'approcher. L'Amiral de Perse qui combattait à pied commençait à perdre la force; mais Huon et Bernard vinrent promptement à son secours, ils y avaient été attirés par les clameurs que l'on faisait autour de lui. Huon et Bernard écartaient la foule à grande course de cheval; quand les Payens les virent venir, ils prirent la fuite, tant ils redoutaient Huon, il n'y en resta pas un seul dans cet endroit. Huon voyant que malgré que l'Amiral de Perse qui était seul, à pied l'épée à main, l'écu au cou, se défendait très-courageusement, mais que malgré son courage il aurait infailliblement succombé, lui cria le plus haut qu'il lui fut possible : O très-noble Amiral ! ne craignez rien, nous volons à votre secours. Huon prit alors une lance d'entre les mains d'un Payen qu'il avait tué, il en donna un coup si terrible à l'Amiral d'Angorie, qu'il lui passa au travers du corps et il mourut sur-le-champ. Les Payens et les Sarrasins voyant que leur Amiral était mort, perdirent tous leur courage. Huon de Bordeaux qui était fort leste, saisit le cheval de l'Amiral d'Angorie, et le donna à l'Amiral de Perse qui était à pied, et lui dit : Sire, montez sur le cheval, car les Payens et les Sarrasins son vaincus. L'Amiral de Perse lui dit : béni soit l'heure où vous êtes né, car par votre courage je suis sauf, moi et mon armée, et mes ennemis vaincus; alors l'Amiral, sans rien dire davantage, monta sur le cheval et vint auprès de Huon et de Bernard qui passèrent entre les Payens avec tant de précipitation qu'ils furent obligés de se sauver devant eux; Huon, l'Amiral et Bernard frappèrent sur les ennemis avec une si grande fureur, qu'ils les taillaient en pièces, ils les poursuivirent avec tant de precipitation qu'ils les contraignirent à rentrer dans la ville, où étant entrés avec eux, ils commencèrent à détruire Payens, Sarrasins, hommes, femmes et enfans, c'était un spectacle horrible à voir, les corps morts dans les rues, entassés par monceaux, des ruisseaux de sang coulaient dans la Ville; enfin par le courage de Huon et de l'Amiral de Perse, les Payens et Sarrasins furent détruits et la ville prise. Huon et l'Amiral voyant qu'ils étaient maîtres de la ville, ordonnèrent aussitôt que l'on cessât le carnage. Ils allèrent dans les temples, les palais et les maisons où s'étaient retirés les Payens et Sarrasins, tant hommes que femmes et enfans; ils les prirent à merci, leur promettant la vie sauve, en cas qu'ils voulussent quitter la loi de Mahomet pour se rendre à celle de Jéssus-Christ. Il y en eut beaucoup qui se rendirent Chrétiens, ceux qui n'y voulurent pas consentir, furent mis à mort. Quand Huon et l'Amiral virent que tous ceux qui étaient dans la ville s'étaient rendus Chrétiens, ils mirent des Prévôts, Baillifs et Officiers pour gouverner la ville, et y mirent une garnison de plus de deux mille hommes pour la garder. Ils séjournèrent pendant huit jours, et le neuvième ils préparèrent toutes les affaires, ravitaillèrent leurs vaisseaux; ils montèrent ensuite dans leurs vaisseaux au son de différens instrumens, alors les matelots levèrent leurs ancres et mirent à la voile; à force de naviguer, ils sortirent de la grande et vaste mer Caspienne, ils descendirent dans le grand fleuve d'Euphrate, ce fleuve descend dans la mer majeure; lorsqu'ils eurent passés ce fleuve, ils cotoyèrent les déserts d'Abillant, le tems était frais et clair, la mer était calme Comme ils voguaient avec beaucoup de diligence sur la mer majeure, Huon et l'Amiral appuyés sur le bord de leur vaisseau où ils conversaient ensemble touchant les aventures qu'ils avaient eues, ils remerciaient Notre-Seigneur des grâces qu'il avait bien voulu leur faire. L'Amiral dit ensuite à Huon, je désire bien ardemment savoir cette sainte ville où Notre-Seigneur a été crucifié et mis au sépulcre, Huon lui épondit : j'espère que Dieu voudra bien nous secourir jusqu'à ce que nous soyons arrivés dans cette ville, j'espère encore qu'il nous fera la grâce de nous aider à conquérir et détruire tous ceux que nous trouverons dans notre chemin qui ne voudrons pas croire à sa loi, car nons ne devons avoir d'autre désir ni volouté. Pendant plus de huit jours nos deux Barons s'entretinrent de ce projet, sans trouver aucune aventure qui soit digne de mémoire. Il arriva un soir que Huon était seul et appuyé sur le bord de son vaisseau, s'amusant à regarder la mer qui était calme, il lui vint dans l'idée, la triste situation où était sa femme Esclarmonde : attristé par ce cruel ressouvenir, des larmes coulèrent le long de son visage, et il disait : chère Esclarmonde, quand je pense en quel danger je vous ai laissé, et dans quel état vous êtes à-présent, il n'y a aucun de mes membres qui ne tremble d'horreur et de crainte que j'ai que ce cruel Empereur ne vous fasse mourir. Il se remit ensuite à pleurer. Bernard qui n'était pas loin de lui, le regarda et lui dit : Sire, vous avez donc oublié que dans toutes les aventures qui vous sont arrivées jusqu'à-présent, Notre-Seigneur vous a toujours aidé et secouru, il vous a même préservé du danger de la mort, ainsi consolez-vous, et rendez-lui grâce des afflictions qu'il vous envoye, et si vous avez en lui une parfaite confiance, il vous aidera, car il n'oublie jamais ceux qui le servent de bon cœur. Bernard tâchait par ses discours de consoler Huon. L'Amiral de Perse vint se mettre auprès de Huon, avec lui il lia conversation sur diverses matières, comme ils étaient ainsi à causer ensemble, il s'éleva une tempête si épouvantable que plusieurs voiles furent brisés, la mer était dans une tourmente affreuse, ils crurent tous que c'était leur dernière heure, ils se recommandèrent à Dieu, et le prièrent de vouloir bien les délivrer du naufrage qui les menaçait. Sire, dit Huon, si nous pouvions aborder à ce rocher que j'aperçois, l'Amiral lui répondit : Sachez que nous sommes arrivés à un mauvais port, car nous sommes près du désert d'Abillant, sur cette grande montagne que vous voyez, demeure un ennemi qui a bien fait périr des vaisseaux en cette mer, dont nous risquons bien de périr, car aucun ne s'est approché de ce rocher qu'il n'ait été étranglé par l'ennemi; alors il n'y eut Barons ni Seigneurs qui ne tremblât de tous ses membres : au nom de Dieu, dit l'Amiral aux matelots, je vous prie, s'il est possible, de nous écarter bien vite d'ici. Sire, dit Huon, il me semble que vous vous épouvantez mal-à-propos, car par le Dieu qui me forma, je ne serai jamais content que je ne sois instruit du sujet pour lequel cet ennemi fait noyer tous ceux qui passent par ici, et s'il lui arrive de me contrarier en quelque chose, je lui fendrai la cervelle. L'Amiral dit à Huon, tout ce que vous me dites me surprend beaucoup, car quand vous seriez cinq cents, vous ne pourriez empêcher qu'il ne vous étrangle tous. Sire, répondit Huon, ne craignez rien, car quand je devrais mourir, encore l'irai-je voir et saurai-je la cause pourquoi il empêche ce passage; avant qu'il soit trois jours, je lui parlerai à telle fin que j'en doive venir. L'Amiral dit à Huon, puisque vous y êtes résolu, faites donc à votre volonté; mais si vous voulez m'en croire, vous n'entreprendrez point ce voyage. Sire, lui dit Huon en riant, j'ai toute confiance et espoir en Dieu qui m'a toujours préservé, car comme dit un proverbe, personne ne peut nuire à celui sur qui Dieu veut bien veiller. L'Amiral dit à Huon, je prierai le Seigneur de vouloir bien vous préserver de tous accidens et vous faire parvenir sain et sauf en votre pays. Je vous ai obligation de vos bontés pour moi, répondit Huon à l'Amiral, ensuite il alla s'armer de tout point et prit congé de l'Amiral, des Barons et de Bernard, qui regrettait beaucoup de voir partir son cousin Huon qui s'en allait dans le désert sans aucune personne pour l'accompagner.

Huon après avoir fait ses adieux, se fit mettre à terre, et dès qu'il y fut, il fit le signe de la croix, se recommanda à notre Seigneur et monta sur la montagne; mais comme il était à moitié chemin, il s'éleva sur mer un vent terrible et une tempête si affreuse que tous les cordages, et même les plus gros cables des vaisseaux furent brisés, ils furent contraint d'errer à l'aventure où le vent et les vagues les conduisaient, ils furent jetés bien loin du rocher, l'Amiral et les Barons furent saisis d'une frayeur mortelle; ils plaignaient beaucoup le sort de Huon qui, seul et sans aucun secours, était monté sur le rocher. Comme Huon était presque parvenu au sommet avec beaucoup de peine, il jeta ses regards sur la mer, et vit que la tempête avait jeté les vaisseaux bien loin du rocher; de deux cents vaisseaux dont la flotte était composée, il n'en vit plus que deux ensemble, tous les autres erraient çà et là, en grand danger de périr; alors il commença à regretter sa chère Esclarmonde qu'il ne pensa jamais revoir, car il se voyait seul et dénué de tout secours dans ce désert, de plus il voyait que les vaisseaux s'éloignaient, et que n'étant plus en ordre, ils couraient grand risque de périr. Il se mit à genoux et levant les mains au Ciel, il implora le secours de Dieu, afin de pouvoir échapper de ce lieu affreux. Il désirait que le vaisseau qui était si loin, pût ramener ceux qui étaient dedans au lieu d'où ils étaient parti, il recommençait ensuite ses regrets et s'écriait dans l'excès de sa douleur: O! ma chère Esclarmonde, quand je pense aux peines que vous avez souffertes et que vous souffrez encore pour moi; de combien de douleurs mon cœur n'est-il pas accablé, surtout qu'en peu de tems j'aurais pu vous secourir. Mais je ne sens que trop que c'est pour cette fois que nous ne nous reverrons plus, car je vois que mon cousin Bernard et un grand nombre d'autres Barons qui pour moi se sont exposés aux dangers de périr s'ils ne sont secourus de Dieu, je le prie de tout mon cœur de les faire arriver à bon port, et de me faire la grâce de me retrouver avec eux, afin de pouvoir combattre les Payens et les Sarrasins, et enfin pour embellir la Religion Catholique en plusieurs endroits. Telles étaient les prières que Huon faisait à Jésus-Christ notre Rédempteur.

Comme Huon partit et se fit passer dans un bâteau par l'ennemi auquel il fit croire qu'il était Caïn, et vint arriver dans une île qui se nommait Colandres, devant laquelle l'Amiral de Perse et Bernard venaient de mettre le siège.

Huon partit et prit le mail à son col, car il avait eu grand soin de ne pas l'oublier, il prit le sentier ainsi que Caïn lui avait enseigné. Nous parlerons maintenant de l'Amiral de Perse et de toute son armée qui était sur mer, ils furent un jour et une nuit flottans entre la vie et la mort, mais quand le second jour commença à paraître, le vent et la tempête cessèrent, la mer redevint calme, les vaisseaux se rassemblèrent et vinrent ensuite arriver à une ville que l'on nommait alors Colandres, c'était une très-grande et belle ville; mais depuis elle fut détruite par le noble Duc Oger le Danois, quand il alla en Judée. Bernard et les Barons regrettaient beaucoup la perte de Huon, car ils avaient perdu toute espérance de le revoir; Bernard son cousin en avait un si grand chagrin, qu'il eut touché les cœurs les moins sensibles; mais comme le dit le proverbe ordinaire, celui que Notre-Seigneur Jésus-Christ garde, est bien gardé. Huon alors descendait la montagne pour aller au port dans lequel était le bâteau sur lequel était monté l'ennemi. Quand il y fut arrivé, il regarda et vit que l'ennemi qui était dans le bâteau était si horrible à voir qu'il ressemblait plutôt à un diable qu'à tout autre créature. Il avait la tête plus grosse qu'un bœuf, ses yeux rouges et ardens ressemblaient à deux charbons embrasés, il avait de grandes et grosses dents, il était si velu qu'il semblait à Huon que ce fut un ours qui se fut échappé de la forêt, il jetait feu et flammes par la gorge, on ne doit pas être surpris si Huon de Bordeaux eut à craindre, car quand il vit la figure hideuse de ce monstre, il fut saisi d'horreur et se retira sur le rocher pour mieux l'examiner, il fit lui-même le signe de la crix et recommanda son âme à la sainte garde de Dieu, bien lui valut qu'en ce moment l'ennemi ne s'en aperçut. Grand Dieu! dit Huon en lui-même, je vous demande très-humblement de vouloir bien me donner un conseil salutaire sur ce que je dois faire pour me défier de cet ennemi dont l'aspect est si épouvantable, je suis bien embarassé de savoir par quel moyen je pourrai lui adresser la parole, je n'ose hasarder à entrer avec lui dans le bâteau où il est, tant je crains qu'il ne me veuille jeter dans la mer, ou qu'il ne m'étrangle. Il faut cependant que je me fie à lui, autrement je serais obligé de retourner au désert où je mourrai de douleur et de chagrin, et ne reverrai jamais ma femme ni mon enfant.

Mais puisque c'est ainsi, je me livrerai entre

entre les mains de cet ennemi, et s'il plaît à Notre-Seigneur de me délivrer du péril dans lequel je me trouve exposé, je fais vœu de l'aller voir et visiter au Saint Sépulcre où il fut mis après avoir été crucifié, je ferai ensuite la guerre aux Sarrasins qui ne voudront pas croire en Dieu. Huon de Bordeaux reprit courage et vint fièrement au bâteau, ayant le mail à son col, il appela l'ennemi et lui dit : Grand Roi! qui êtes en ce bâteau, faites-moi le plaisir de me passer à travers la mer. Lorsque l'ennemi vit Huon le mail à son col, qui lui parlait si fièrement, il le regarda et lui demanda où il allait, quelle chose il cherchait, et comment il avait été assez hardi pour parvenir jusqu'à cet endroit? il lui dit ensuite, tu n'iras pas plus loin, car je te jeterai dans la mer ou je t'étranglerai et traînerai ensuite ton âme dans les enfers. Quand Huon entendit l'ennemi lui parler ainsi d'une voix effroyable, la terreur s'empara aussitôt de tous ses membres, mais il se remit à l'instant, car s'il eût tardé davantage à répondre, sa perte était certaine. Mais comme c'était un courageux Chevalier et qu'il était ferme à la loi de Jésus-Christ, il répondit à l'ennemi qu'il ne lui fît point de mal, qu'il était Caïn, qu'il avait attendu tant de tems. Apprenez, lui dit-il, je suis né de ce tonneau qui allait en roulant par cette montagne, ainsi je vous prie de me délivrer d'ici et de me faire passer ce bras de mer, car lorsque je serai passé, je ne trouverai ni homme ni femme qui croye à la loi de Jésus-Christ, que je ne les mette aussitôt à mort, afin que leurs âmes descendent aux enfers. Quand l'ennemi entendit Huon parler ainsi, il fut bien aise et lui dit : Ah! Caïn, pourquoi m'as tu tant fait attendre ici, je suis bien réjoui de ton arrivée, car je n'aurais jamais pu en sortir que tu ne fusses sorti de ce tonneau, ainsi viens et entre dans mon bâteau, je te menerai où tu voudras et te passerai très-volontiers au-delà de la mer, afin que tu mettes à mort les Chrétiens et Sarrasins, pour que leurs âmes descendent aux enfers. Huon entra alors dans le bâteau en se recommandant à la garde de Dieu, et disant à l'ennemi

qu'il le passât bien vite, ce qu'il fit, car en moins de deux heures ils se trouvèrent à l'autre bord. Huon était très surpris d'avoir fait tant de chemin en si peu de tems, il rendit grâces à Dieu de l'avoir sauvé d'un aussi grand danger, il prit congé de l'ennemi, et lui dit de s'en retourner, et qu'avant que trois jours fussent passés, il entendrait de ses nouvelles. Alors l'ennemi dit à Huon: Caïn, vas et te dépêches, afin que quand tu seras retourné en enfer, tu fasses bonne chère avec nos maîtres qui désirent ton arrivée avec une grande impatience. Alors Huon partit, il était toujours en crainte car il pensait que l'ennemi le poursuivait. Il arriva, après une marche assez longue et pénible, à une ville que l'on nomme Colandres, il fut bien aise de se trouver éloigné de l'ennemi, il marcha si bien qu'il y arriva sur le soir, il entra le mail au col et bien armé dans la ville de Colandres, dont les habitans, tant Payens que Sarrasins, le regardaient passer avec étonnement, à cause qu'ils le voyaient ainsi seul, armé et à pied dans la ville, il y en eut un d'entr'eux qui lui demanda où il allait et pourquoi il était ainsi à pied, seul et armé? Huon lui répondit avec un peu de surprise, je suis Caïn qui, par un mouvement de jalousie, ai tué mon frère Abel, et Dieu s'est courroucé contre moi, mais avant qu'il soit écoulé peu de tems, j'en prendrai une si grande vengeance, qu'autant que je pourrai trouver d'hommes, de femmes et d'enfans qui croyent à la loi de Jésus-Christ, je les détruirai tous, de manière que les Payens et Sarrasins n'auront plus rien à craindre de leur part. Quand les Payens eurent entendu les discours que leur tenait Huon, ils l'emmenèrent avec eux et lui procurèrent cette nuit toutes sortes de divertissemens à l'occasion de son arrivée dans leur ville, et aussi parce qu'ils avaient entendu dire qu'il détruirait tous les Chrétiens qu'il pourrait rencontrer. Ils se disait les uns aux autres qu'il était arrivé dans une circonstance favorable, puisqu'ils étaient assiégés dès la veille par l'Amiral de Perse. Ils donnèrent un festin somptueux à Huon, ils lui firent servir des mets délicieux et témoignaient une grande joie de l'avoir avec eux; quand le repas fut fini, on le conduisit dans une chambre qui était richement parée, il se coucha et s'endormit jusqu'au lendemain matin.

Comme Huon témoigna à l'Amiral de Perse le plaisir qu'il ressentait de le retrouver devant la ville de Colandres où il combattait contre les Payens et les Sarrasins.

QUAND l'Amiral de Perse avec sa flotte eurent quitté Huon qui avait voulu aller au désert d'Abillant; et qu'après une tempête qu'ils avaient essuyés pendant un jour et demi, la mer fut redevenue calme, ils rassemblèrent leurs vaisseaux et vinrent ensuite arriver au port de la ville de Colandres, ils furent satisfaits; mais ils regrettaient toujours Huon, et principalement Bernard son cousin qui ne pouvait se consoler, tant il aimait Huon, et tant il craignait de l'avoir perdu pour ne le revoir jamais; mais il en aura bientôt des nouvelles comme on pourra voir ci-après. Quand l'Amiral et ses gens furent arrivés au port, ils s'armèrent de leurs armes et sortirent de leurs vaisseaux, ils vinrent contre la ville et livrèrent un très-grand assaut. Les Payens de leur côté s'armèrent aussi et se préparèrent à se défendre. Alors le Gouverneur de la ville vint vers Huon et lui dit : Allons Caïn, c'est-à-présent qu'il faut que vous montriez ce que vous savez faire, car les Chrétiens sont devant notre ville, je vous prie de ne les point épargner, car nous avons une grande confiance en vous. Seigneur, dit Huon, puisque je suis dans votre ville, vous verrez bientôt ce que je sais faire. Caïn, lui dit le gouverneur, je vous prie de vous mettre à notre tête, et nous vous suivrons. Huon lui répondit : Sachez que je les tuerai tous avec le mail que je porte au col; les Payens eurent grande joie, ils se fiaient beaucoup à Huon, parce qu'ils croyaient que c'était Caïn. Huon s'arma et quand il le fut, le Gouverneur lui fit donner un bon cheval sur lequel il monta; ensuite ils sortirent de la ville et trouvèrent l'Amiral de Perse qui avait déjà rangé ses

troupes en bataille. Quand l'Amiral vit que toute l'armée des Sarrasins était sortie de la ville, il courut dessus et enfonça les bataillons avec un courage et une intrépidité admirable. Huon voyant que l'Amiral de Perse combattait si bien, se retira à quartier pour savoir dans quel rang il se mettrait, car il avait été bien reçu des Sarrasins; mais quand il se fut aperçu que ceux qui étaient débarqués au port était de Perse, et qu'il eut reconnu parmi eux l'Amiral de Perse et son cher cousin Bernard, il en eut tant de satisfaction qu'il laissât couler des larmes de joie, et remercia Notre-Seigneur Jésus-Christ de l'heureuse fortune qu'il lui avait procuré, il dit : Grand Dieu ! Je dois bien avoir de la reconnaissance; car vous ne refusez jamais votre secours à ceux qui vous aiment et qui vous servent. C'est maintenant que je puis espérer que moyennant votre divin secours je pourrai avoir encore le bonheur de revoir ma chère Esclarmonde que j'ai tant désiré de voir, ainsi que Clairette ma chère fille; ainsi parlait Huon en regardant les deux armées.

Comme la ville de Colandres fut prise par l'Amiral de Perse, après qu'il eût gagné la bataille, et de la grande joie de l'Amiral et de Huon de Bordeaux.

L'AMIRAL de Perse voyant que tous les Sarrasins étaient sortis de la ville, fit avancer toutes ses troupes et donna sur eux avec une telle irruption, qu'il y eut de part et d'autre le combat le plus sanglant; mais à la fin les Sarrasins furent taillés en pièces, car les Chrétiens étaient en plus grand nombre et mieux en ordre que les Sarrasins, ainsi ils furent obligés de céder la victoire à leurs ennemis, ils tournèrent le dos et se sauvèrent tous dans la ville; Bernard et l'Amiral les poursuivirent et en tuèrent tant que c'était une horreur. Enfin, l'Amiral les pressait si fort qu'il entrât dans la ville avec eux en frappant sur eux avec tant de fureur que les corps des Payens et des Sarrasins, qu'il avait tué, nageaient dans les flots de sang qui coulaient dans les rues. Quand l'Amiral vit que la ville était rendue, il ordonna que l'on fit cesser le carnage, et que l'on donnât la vie sauve à ceux qui voudraient croire à la loi de Notre-Seigneur Jesus-Christ; il y eut un très-grand nombre qui reçurent le Saint Baptême, et il fit tailler en pièces ceux qui ne voulurent pas se rendre. Ainsi fut prise la ville de Colandres. Huon qui était dans la ville, vint vers le palais où se trouva l'Amiral, ses Barons et Bernard son cousin, il vint à eux le mail à son col; quand il fut entré dans le Palais, il ôta son casque et salua l'Amiral et toute l'assemblée. Quand l'Amiral, Bernard et les Barons virent Huon, ils ne surent comment lui exprimer la satisfaction et la grande joie qu'ils avaient de le revoir. O très-heureux et très-vertueux Chevalier! dit l'Amiral à Huon, votre arrivée m'a tellement réjoui, que je n'ose en croire mes yeux, je crains de me tromper. Dieu vous aurait fait la grâce de vous tirer du danger auquel vous étiez exposé, ainsi que beaucoup d'autres. Alors l'Amiral embrassa Huon, son cousin Bernard l'embrassa aussi et lui marqua particulièrement le plaisir qu'il avait de se trouver sain et sauf. L'Amiral lui demanda ensuite qu'il lui fit le plaisir de lui raconter toutes les aventures qu'il avait eues depuis qu'il avait quitté leur compagnie. Huon leur raconta particulièrement toutes les circonstances où il s'était trouvé, telles que l'on a pu les voir ci-dessus, et la manière dont il s'en était retiré sain et sauf.

Quand l'Amiral et les Barons eurent entendu le récit que Huon venait de leur faire, ils ne pouvaient revenir de la surprise qu'ils avaient de le voir ainsi réchappé des mains de l'ennemi; ils rendirent grâces à Dieu de sa toute puissance, Bernard en son particulier ne pouvait contenir la joie qu'il avait de revoir son cher cousin Huon. Après que la reconnaissance fut faite et qu'ils se furent donnés réciproquement tous les témoignages possibles de la plus sincère amitié en présence de l'Amiral et des Barons, le Gouverneur qui avait reçu le Saint Baptême, vint vers Huon et lui dit: Sire, je vous prie de vouloir bien me recommander auprès de l'Amiral de Perse, car je vous promets en tout honneur de demeurer en cette ville

comme son humble et fidèle serviteur, et observerai la loi Chrétienne que j'ai reçue aujourd'hui par le Sacrement de Baptême. Huon voyant le Gouverneur qui honorablement l'avait reçu et traité dans son hôtel, vint auprès de l'Amiral et lui dit: Sire, je vous demande qu'il vous plaise accorder à cet homme que vous voyez ici devant vous la garde de cette ville à votre nom et pour vous en rendre hommage. L'Amiral répondit à Huon, tout ce que vous désirez et qui peut vous faire plaisir, lui sera accordé à votre considération. Huon en fit aussitôt ses remerciemens à l'Amiral. Le Gouverneur voyant le présent que l'Amiral lui faisait par égard pour Huon, se jetta à genoux devant l'Amiral, en présence de tous ses Barons, et dans cette situation humiliante, il jura de défendre constamment la ville envers et contre tous ceux qui voudraient l'attaquer et qu'il ne la rendrait à personne qu'à l'Amiral ou à celui à qui il en donnerait commission; ainsi fut prise la ville de Colandres sur la mer majeure.

Comme l'Amiral de Perse, Huon et toute l'armée passèrent devant Antioche et par Damas, vinrent ensuite adorer Jésus-Christ au Saint Sépulcre, comme le Roi de Jérusalem les reçut avec plaisir, et comme un messager du Soudan vint défier l'Amiral de Perse.

QUAND l'Amiral de Perse et Huon de Bordeaux virent que la ville était prise et rendue sous le joug de leur obéissance, et qu'ils y eurent nommé un Gouverneur, un Prévôt et un Baillif de la part de l'Amiral, ils conversèrent ensemble pour savoir puisqu'ils étaient en terre ferme, s'ils feraient le voyage de Jérusalem, vû qu'ils n'étaient qu'à dix journées d'Antioche par où ils devaient passer, de-là à Damas et ensuite à la Sainte Ville de Jérusalem, dans laquelle ils feraient leur offrande. Ils décidèrent que si dans leur passage ils trouveraient quelques Rois ou Amiraux qui voulussent les détourner dans leur chemin, ils étaient assez forts pour leur résister, qu'ensuite l'Amiral pour rait s'en retourner par terre jusqu'à la rivière d'Euphrate, sur laquelle il retrouverait un Vaisseau qui le conduirait à la ville de Thauris, d'où il était parti, et que Huon s'en irait à Jassé, lieu où il trouverait assez de vaisseaux pour retourner en France. Telles furent les décisions qui furent arrêtées par l'Amiral, Huon et tous les Barons et Chevaliers de Perse. Quand ils furent décidés entièrement, l'Amiral ordonna que l'on descendît à terre tous les vivres, les chevaux, les tentes et pavillons, et que l'on chargeât les vivres et les équipages sur les mulets, chameaux et dromadaires, dont il y en avait tant qu'il semblait que ce fut une armée, on eut dit que l'on était dans un nouveau monde. Quand les vaisseaux furent tous déchargés, les Patrons prirent congé de l'Amiral de Perse, qu'il leur ordonna très-expressément de l'attendre sur la rivière d'Euphrate, ce qu'ils firent.

Quand les vaisseaux furent partis et que tout fut préparé pour le voyage, l'Amiral fit avertir partout le pays, que tous Marchands vivandiers conduisissent après l'armée, du pain, du vin, de la viande et du biscuit pour la nourrir. Cette commission fut donnée au nouvel Amiral de Colandres, il s'en acquitta avec bien de la diligence et exactitude. Quand l'Amiral de Perse vit qu'il était tems de partir, il fit sonner la trompette dans toute la ville, afin que chacun se trouvât prêt pour partir le matin de la ville et aller à sa suite : ses ordres furent ponctuellement exécutés. Une heure avant que le jour parut, il y avait une telle bagarre dans la ville que causaient les préparatifs de l'armée, que l'on aurait pas entendu tonner. L'Amiral et Huon se préparèrent, ils montèrent à cheval, sortirent hors de la Ville et se mirent en campagne pour aller vers Antioche. Je ne ferai pas le détail de tous les endroits où ils passèrent, mais je dirai seulement que passant par Hermine la basse, ils arrivèrent un Jeudi au soir devant Antioche et ils campèrent auprès de la rivière, et personne de cette ville ne parut avoir la moindre envie de leur faire du mal, au contraire ils leur vendirent du pain, du vin, de la viande et d'autres choses

nécessaires, ce qui fit plaisir à Huon et à l'Amiral. ils en surent bon gré aux habitans d'Antioche, et pour cela ils défendirent à tous les soldats de leur armée de faire aucun tort aux habitans, quand ce vint au lendemain matin, ils se mirent en chemin pour aller à Damas, chemin faisant ils prirent plusieurs villes et châteaux qu'ils réduisirent sous le joug de leur obéissance. Ils faisaient mourir incontinent ceux qui, après s'être rendus par force, ne voulaient point croire en Jésus-Christ. Quand ils furent arrivés à Damas, ils campèrent dans les jardins malgré les habitans, ils les forcèrent même à leur apporter des vivres, on leur en apporta, tant on les redoutait et tant on appréhendait qu'ils ne fourageassent les jardins ; ainsi ils passèrent la nuit dans cet endroit. Le lendemain matin ils se remirent en route pour aller à Jérusalem, et pendant ce voyage ils eurent encore bien des rencontres et des batailles à soutenir, mais ils étaient si forts et si nombreux, qu'ils ne trouvèrent personne qui osât s'opposer à leur passage. Ils parvinrent après de grandes journées de marche à Nappelouse, où ils passèrent la nuit. Le lendemain l'Amiral, Huon, plusieurs Barons et plus de quatre mille Chevaliers Chrétiens, quittèrent le corps de l'armée et partirent de Nappelouse pour aller à Jérusalem, ils y arrivèrent environ à l'heure de midi, et ils furent reçus avec grande joie par le Roi Thibaut, et le Patriarche, auxquels avaient été confiées la garde et la sûreté de la ville de la part des Empereur Charlemagne et Constantin, lorsqu'ils en firent la conquête. L'Amiral de Perse, le Duc Huon de Bordeaux, Bernard et les autres Barons allèrent baiser et adorer le Saint Sépulcre ; ils y firent leurs offrandes. Ils allèrent ensuite visiter le temple de Salomon, celui de Saint Siméon, et ils firent des stations dans les lieux Saints de la ville, avec beaucoup de respect et de dévotion ; après qu'ils eurent fait leurs prières, visités tous les Temples Saints, ils revinrent au Palais du Roi de Jérusalem, qui leur témoigna bien le plaisir qu'il ressentait de leur arrivée.

Comme Huon prit congé de l'Amiral et des Barons de Perse, s'embarqua au port de Thésaire et arriva à Marseille sans trouver aucune aventure.

Quand l'Amiral eut entendu Huon, il lui dit : Mon cher ami, je vous sais bon gré de tout ce que vous m'avez dit. Vous pouvez vous confier à ma parole, et si vous vous trouvez dans quelqu'affaire où vous ne puissiez vous accommoder avec l'Empereur, je tiendrai les promesses que je vous ai données, et viendrai moi-même pour vous secourir. Je vous remercie et je me souviendrai toujours des grandes obligations dont je vous suis redevable. L'Amiral prit Huon par la main et lui dit : Je vois bien qu'il faut nous séparer. j'en suis bien fâché ; mais puisqu'il le faut ainsi, il faut bien nous y conformer. Je suis bien certain qu'il vous tarde d'être sorti d'ici ; je ne sais quels présens vous faire pour tous les bienfaits que j'ai reçu de vous; le chemin que nous allons prendre est bien opposé. Le vôtre est par mer et le mien par terre. Vous trouverez au port de Thésaire un très-beau vaisseau qui a été pris par nos troupes sur le Soudan, je vous en fait present et vous pourez monter dessus pour vous en retourner. Je vous prie d'accepter en outre dix sommiers chargés d'or et dix autres chargés d'étoffes de soie ; vous pourrez emmener avec vous tous les Français qui nous ont suivi dans l'armée, quand nous sommes sortis de Jérusalem, ils pourront s'en retourner dans leurs pays avec vous, et quand vous serez parti, je m'en retournerai en Perse. Je vous remercie de la bonté que vous me témoignez et des présens que vous me faites. Alors l'Amiral fit amener les sommiers chargés et les fit conduire au port de Thésaire, et les fit monter dans le vaisseau qu'il avait donné à Huon, il fit venir ensuite les Pélerins Français qu'il remit à Huon pour le servir et l'accompagner ; il leur fit donner de très-riches présens, dont ils furent bien joyeux et lui firent de grands remerciemens ; car ils avaient plus d'argent pour s'en retourner qu'ils n'en avaient apporté quand ils partirent de France. Ils promirent à Huon qu'ils lui rendraient tous les services qui dépendaient d'eux, et ne le quitteraient point qu'il n'eût achevé toutes ses entreprises. Huon fit préparer ce qui était nécessaire pour son départ et n'oublia pas de faire porter dans son vaisseau la grande patte du Griffon qu'il avait tué. L'Amiral de Perse, les Maréchaux et les Connétables de l'armée, ainsi que les Barons montèrent à cheval et conduisirent Huon jusqu'au port du Thésaire, où ils trouvèrent le vaisseau chargé et garni de vivres et de tout ce qu'il lui appartenait. Alors Huon prit congé les larmes aux yeux, de l'Amiral de Perse et de tous les Barons qui furent tous fâchés de son départ. Ils rejoignirent l'armée devant la ville d'Acre ; pendant leur chemin, ils s'entretenaient des grandes actions et du courage de Huon de Bordeaux ; ils rejoignirent bientôt l'armée, et il fut ordonné que chacun se tint prêt pour partir le lendemain matin ; ces ordres furent exactement observés, et le lendemain l'Amiral partit avec toutes ses troupes pour retourner en Perse, et il trouva en arrivant auprès de la rivière d'Euphrate tous les vaisseaux qu'il avait ordonné que l'on y mit à l'ancre ; il fit embarquer toute son armée et mettre à la voile pour retourner en Perse. D'autre part, Huon et Bernard son cousin, plusieurs Chevaliers et Ecuyers français s'embarquèrent et firent lever les ancres et mettre à la voile, ils eurent un vent si favorable, qu'ils passèrent sans aucun risque devant Rhodès et Candie, ils cotoyèrent les îles de Sicile, de Coresphie, de Sardaigne ; enfin, ils naviguèrent tant qu'ils arrivèrent sans aucun danger au port de Marseille, où ils débarquèrent et déchargèrent leur vaisseau, et quand ils en eurent tiré tout ce qu'ils désiraient, Huon fit présent du vaisseau au Patron qui l'avait conduit. Celui-ci lui fit ses remerciemens et se trouva bien riche. Ils entrèrent dans la ville où ils se reposèrent pendant huit jours.

Comme le Seigneur de Clugny plaça en embuscade des gens armés entre Mâcon et Tournus, contre le neveu de l'Empereur, qui le détruisirent lui et ses gens, et comme l'Empereur indigné voulut faire brûler Esclarmonde et pendre trois cents prisonniers de Bordeaux.

Ce chapitre traite comment Bernard quitta le Seigneur de Clugny pour aller chercher Huon son neveu. Ce Seigneur de Clugny était bien fâché de ne savoir aucunes nouvelles ni de l'un ni de l'autre. Toute la consolation qu'il avait était dans la belle Clairette qu'il faisait élever et qui promettait beaucoup, car elle était très-belle et d'un caractère si doux, qu'on pouvait la comparer à une colombe, elle possédait en outre de rares qualités et beaucoup de sagesse. Quand il pensait d'ailleurs à l'affreuse situation dans laquelle se trouvait réduite sa chère nièce Esclarmonde qui était renfermée dans une obscure et étroite prison, en grande pauvreté et misère, il était partagé par la colère et le chagrin. Un jour il lui fut rapporté par un homme respectable qui venait de Saint Jacques et qui avait passé par Bordeaux, que le neveu de l'Empereur devait partir pour aller à Mayence auprès de l'Empereur Thierry, son oncle, et qu'il emmenait avec lui un grand nombre de bourgeois de la ville de Bordeaux, pour les mettre en prison, parce qu'ils avaient osé réclamer Huon leur Seigneur, et qu'il emmènerait aussi avec lui tout l'argent du tribut que chaque habitant du pays de Bordeaux rendait à l'Empereur par chaque année.

Quand le bon Abbé de Clugny fut averti de la venue du neveu de l'Empereur, qu'il regardait comme son plus cruel ennemi, il assembla un grand nombre de nobles et vaillans Chevaliers, dont la plupart étaient de la noble famille du Duc de Bourgogne, qui pour lors était père de Girard de Roussillon, qui n'avait encore que trois ans. Ils s'assemblèrent en quantité sous les ordres de l'Abbé de Clugny, qui mit à leur tête un Seigneur qui avait nom Duverger. Ce Capitaine plaça ses espions dans tous les endroits où il savait que le neveu de l'Empereur devait passer. Il lui vint des nouvelles certaines qu'il était logé à Mâcon, et que le lendemain il devait en partir pour venir à Tournus. Alors le Seigneur Duverger et plusieurs autres, par le commandement de l'Abbé de Clugny, furent se mettre en embuscade dans une vallée qui est située entre Mâcon et Tournus. Ils virent les Allemands qui descendaient du haut de la montagne, et qui étaient au nombre de deux mille chevaux; mais le Seigneur Duverger en avait à conduire plus de trois mille, capables tous de se défendre, et qui furent bien réjouis d'entendre dire que les ennemis approchaient. Ils avaient déjà passés la première embuscade et ils descendaient dans la vallée, quand ceux qui étaient dans la première embuscade et ceux de la dernière sentirent qu'il était tems d'attaquer leurs ennemis, ils se jettèrent sur eux avec tant de précipitation, qu'en peu de tems ils taillèrent en pièces une grande partie, car il n'en échappa pas un seul qui ne fut tué ou fait prisonnier. Ils ne pouvaient se sauver en aucune manière, car ils étaient bornés d'un côté par une montagne et de l'autre par la rivière de Saône; ils étaient investis devant et derrière par leurs ennemis; cette journée coûta la vie au neveu de l'Empereur qui était un très-beau Chevalier. L'Empereur l'avait envoyé à Bordeaux pour être Gouverneur de tout le pays, il y avait été pendant environ quarante ans. Après la bataille finie, le Seigneur Duverger fit prendre le corps du neveu de l'Empereur et le fit enterrer dans l'église cathédrale de Tournus, où ils arrivèrent avec tous leurs prisonniers qui étaient bien environ huit cents; ceux qui avaient été amenés de Bordeaux étaient bien réjouis de se voir échappés des mains des Allemands.

Après cette déroute faite, ils retournèrent à Clugny où ils furent bien reçus par l'Abbé et tout le couvent. Le Seigneur Duverger leur raconta de quelle manière il s'y était pris pour attaquer les ennemis; le butin fut ensuite partagé à tous ceux qui avaient été à la bataille, car l'Abbé de Clugny avait fait rester environ mille hommes dans la ville pour la garder. Les nouvelles de cette défaite furent bientôt portées jusqu'à l'Empereur Thierry qui était à Mayence; au récit de ces tristes nouvelles, il regretta beaucoup la perte de son neveu qu'il aimait tendrement, il en avait un chagrin si grand, auquel s'unissait la colère, qu'il fut trois jours sans vouloir sortir de sa chambre. Le quatrième jour il fit venir tous ses Barons et son cousin auxquels il témoigna tout son chagrin et la colère qu'il avait contre Huon, et jura de s'en venger à tel prix que ce fût. Il dit ensuite, puisque je ne peux me venger sur lui, je m'en prendrai à sa femme Esclarmonde et à trois cents hommes que je tiens prisonniers et que j'ai fait amener de la ville de Bordeaux. Je jure au nom du Dieu qui me forma à sa ressemblance, que je ne boirai ni ne mangerai et ne serai point satisfait, que je n'aye fait brûler toute vive son épouse Esclarmonde, et fait pendre et étrangler les trois cents prisonniers de Bordeaux; je veux aussi que chacun de vous sache que le premier qui m'en parlera, s'attirera pour toujours ma haine et mon indignation. Les Barons ayant entendu le serment que venait de faire l'Empereur Thierry, il n'y en eut pas un seul qui fut assez hardi pour répliquer. L'Empereur ordonna aussitôt qu'on ramassât une grande quantité de bois, qu'on le portât sur une petite montagne qui était à une petite distance de la ville, et qu'on y dressât un bûcher, il voulut aussi que l'on élevât des potences pour pendre les trois cents prisonniers. Son commandement fut bientôt exécuté; car on y mena plus de dix voitures de bois, la Dame Esclarmonde fut ensuite menée par quatre soldats, on voyait venir après, les trois cents prisonniers que l'on maltraitait beaucoup le long du chemin. Esclarmonde voyant qu'on la conduisait au supplice, poussait des sanglots douloureux, et regrettant son cher Huon, elle disait : Mon cher ami, c'est donc à cette fois qu'il faut nous séparer, elle réclamait ensuite Notre-Seigneur Jésus-Christ, en le priant d'avoir pitié d'elle et de vouloir mettre son âme dans son saint Paradis; elle traversa ainsi la ville en fondant en larmes. Alors les Dames et Demoiselles sortirent toutes de leurs maisons pour regarder passer la triste compagnie que l'on conduisait à la mort; elles disaient tout haut : Ah ! chère Dame, qu'est devenue votre grande beauté, comme votre visage est maintenant pâle et défiguré? que sont devenus ces beaux cheveux si artistement arrangés? que de chagrin nous avons de vous voir dans un état si déplorable. Hélas si nous pouvions nous y opposer, que ce serait avec grand courage que nous le ferions. Ainsi Esclarmonde était regrettée par tous les endroits de la ville par où elle passait. Les trois cents gentilshommes passèrent après. L'Empereur Thierry et ses Barons venaient ensuite, il faisait précipiter la marche, tant il désirait la mort d'Esclarmonde et des prisonniers de Bordeaux, tant il désirait venger la mort de son neveu et de ses gens qui avaient été tués dans l'embuscade du bon Seigneur de Cluguy. Quand ils furent sortis de la ville de Mayence, le Duc Hildebert qui était proche parent de l'Empereur Thierry, arriva comme la noble Dame Esclarmonde venait de sortir de la ville, et vit qu'on la maltraitait et l'ayant reconnu, il pria ceux qui la conduisaient d'aller un peu plus doucement, jusqu'à ce que l'Empereur fut passé, ils le firent bien volontiers. Quand la noble Dame Esclarmonde entendit le Duc, elle eut un peu d'espérance et tout en pleurant, elle tourna ses regards du côté du Duc et lui dit : Ah. très-noble Prince, ayez compassion de mon triste état, car je n'ai point fait de crime qui doive mériter la mort. Quand le Duc Hildebert entendit parler cette triste Dame, il eut le cœur tellement resserré par la douleur, qu'il lui fut impossible de répondre un seul mot. Il piqua son cheval et vint auprès de l'Empereur qui venait derrière, après que les trois cents prisonniers dont il avait pitié, furent passés, il vint au-devant de l'Empereur et s'en étant approché, il lui dit les larmes aux yeux : O très-noble Empereur ! je vous conjure en l'honneur de la passion de Notre-Seigneur Jésus-Christ, de vouloir bien vous laisser toucher aux lamentations tristes et douloureuses de cette malheureuse compagnie que vous voulez faire mourir en ce jour. Vous savez que nous sommes dans la sainte quarantaine, ainsi je vous demande en grâce de les laisser vivre jusqu'à ce que Pâques soit passé; je vous en prie au nom des services que moi et les miens vous avons rendus. Il me semble que vous avez tort de vouloir vous venger sur cette noble Dame qui ne vous a offensé en aucune manière. Vous les avez chassé de leurs terres et seigneureries, vous en jouissez et vous en recevez les revenus ; cela ne devrait-il donc pas vous suffir, sans vouloir encore pour satisfaire votre vengeance, faire mourir cette adorable Dame. Je crains que vous n'attiriez sur vous la colère de Dieu, si vous faites une aussi méchante action. Quand l'Empereur Thierry eut entendu le Duc Hildebert son cousin-germain, il lui dit très-brusquement : cousin, j'ai bien compris tout ce que vous m'avez dit, mais je vous réponds en deux mots, que quand tous les Prêtres de mon empire seraient ici à me prêcher pendant un an, et qu'ils me prieraient d'accorder la vie à cette Dame et à ceux qui doivent mourir avec elle, encore n'en ferai-je rien : ainsi il est inutile que vous m'en parliez davantage ; car je jure par ma barbe, que puisque je n'ai pu me venger contre Huon son mari, je ne boirai ni ne mangerai que je n'aie vu auparavant brûler le corps de cette Dame, et que je n'aie fait pendre et étrangler tous les prisonniers qui sont avec elle ; car je ne puis calmer autrement la colère que j'ai contre Huon, et le chagrin que j'ai de la mort de mon fils et de mes neveux.

Le Duc Hildebert voyant que l'Empereur ne voulait pas se désister de son cruel et malheureux dessein, fut bien fâché, et tournant bride à son cheval, il s'en alla sans rien dire de plus à l'Empereur. Ainsi il s'en retourna le cœur saisi et oppressé par la douleur. L'Empereur Thierry ordonna ensuite qu'on se dépêchât d'avancer la marche qu'il trouvait trop lente. Il s'arrêta dans la grande plaine, d'où l'on pouvait voir de la ville même, brûler Esclarmonde sur la montagne où le bûcher était préparé. Quand la Dame vit le lieu du supplice, elle poussa un cri douloureux et se réclama à Dieu, en disant: Seigneur tout-puissant, vous savez que j'ai reçu le baptême pour embrasser votre sainte loi dans laquelle je veux mourir. Je sens bien que mes jours vont finir, ainsi je vous prie très-humblement d'avoir pitié de mon

âme et de vouloir bien conserver les jours de mon cher ami et de ma fille Clairette. Telles étaient les plaintes de l'infortunée Esclarmonde lorsqu'elle était à genoux et attachée au poteau où elle attendait la mort. Nous parlerons dans le chapitre suivant du Roi Oberon et de sa Cour.

Comme le noble Roi Oberon envoya deux de ses Chevaliers, savoir : Malebron et Gloriand pour délivrer la Duchesse Esclarmonde, et les trois cents Chevaliers.

On voit dans ce chapitre que le jour auquel Esclarmonde devait être brûlée, le Roi Oberon était dans son palais de Montmur, où il tenait sa cour ; car sa mère la Dame de l'île Célée y était. Il y avait aussi la noble Reine Morgue, la fée, Mademoiselle Trauffine, sa nièce et aussi un grand nombre d'autres Fées ; il y avait beaucoup de divertissemens.

Oberon était assis sur un riche trône, il était tout brodé en or et garni de pierres précieuses. Comme il était sur son trône, il commença à réfléchir, des larmes coulèrent de ses yeux, et il était plongé dans un profond chagrin.

Quand les Reines, Dames et Demoiselles qui étaient à sa cour, le virent si triste et répandre tant de pleurs, elles en furent bien surprises ainsi que les Chevaliers Gloriand et Malebron qui étaient très-bien reçus à la cour du Roi Oberon.

Gloriand demanda au Roi et lui dit : Sire, quel est l'homme au monde qui a eu la hardiesse de faire quelque chose qui vous déplaise et vous cause tout le chagrin dont nous vous voyons accablé ? Le Roi lui répondit : tout le chagrin que vous voyez en moi, est à l'égard de la pauvre Esclarmonde, femme de Huon mon ami ; elle est maintenant sortie des portes de Mayence, on la conduit sur une montagne où l'Empereur Thierry a fait élever un bûcher où elle doit être brûlée aujourd'hui, il veut aussi faire pendre trois cents prisonniers avec elle, et si je ne les puis secourir, j'en serais bien fâché par rapport à Huon qui a repassé la mer et est maintenant en chemin pour revenir. Il a eu

depuis son départ bien des aventures différentes ; il n'y a personne dans tout l'Univers
qui ait voyagé comme lui , et qui ait supporté autant de peines , de traverses et de
misères ; le détail en serait trop long à faire.
Maintenant qu'il pense avoir un peu de repos
et retrouver vivante sa chère Esclarmonde,
n'aurait-il pas le plus juste sujet de mourir
de chagrin ?

Gloriand et Malebron ayant entendu le
récit que venait de leur faire le Roi Oberon,
ils prièrent instamment le Roi et lui dirent :
Grand Roi , nous vous prions de vouloir
bien secourir cette Dame , pour l'amour de
Huon votre ami et son epoux. Gloriand,
dit le Roi , je ne le puis faire ; mais je veux
bien que dès-à-présent vous partiez pour
aller secourir cette Dame et ceux que l'on
veut faire mourir avec elle. Vous direz de
ma part à l'Empereur Thierry de ne pas
être assez hardi pour faire le moindre mal
à cette Dame ni à personne de sa compagnie,
et que je veux qu'il leur laisse la vie jusqu'à
ce que le saint jour de Pâques soit passé,
je veux aussi qu'il fasse reconduire dans la
ville de Mayence, les trois cents prisonniers
avec la Dame ; je veux aussi qu'il lui fasse
donner un appartement tel qu'elle le deman-
dera , qu'il la fasse baigner et nettoyer , et
lui fasse donner quatre nobles Demoiselles
pour la servir et accompagner , et que je
veux qu'elle soit nourrie comme sa propre
fille , qu'il veille aussi à ce que l'on ait
beaucoup de soin des prisonniers ; dites-lui
bien que s'il n'observe pas mes commandemens , il me le payera cher. Gloriand et
Malebron prirent congé du noble Roi Oberon, tous les Chevaliers et Dames qui étaient
présens , souhaitèrent qu'ils fussent bientôt
arrivés au lieu et place où la Duchesse
Esclarmonde était en pleurs et lamentations,
agenouillée devant le bûcher , et attendant
une mort prochaine , si elle n'eut été bientôt secourue , car on l'avait deja prise et on
l'attachait au poteau. Gloriand et Malebron
arrivèrent comme la foudre , et ne furent
vus de personne excepté d'Esclarmonde.
Quand ils y furent arrivés et qu'ils virent
le feu allumé, ils se saisirent des gens qui

voulaient y jeter la Dame , et les jetèrent
eux-mêmes au milieu des flammes où ils
furent bientôt brûlés , ils en jetèrent encore
beaucoup d'autres , dont plusieurs de ceux
qui étaient présens eurent une telle frayeur
qu'ils se sauvèrent et il n'y en resta pas un
seul sur la place. Les deux Chevaliers
vinrent ensuite vers la Dame et lui dirent :
Dame très-aimable , nous sommes envoyés
pour vous tirer du danger où vous êtes.
Seigneurs, leur répondit Esclarmonde, ce
n'est pas la première fois que le noble Roi
Oberon nous a donné du secours à moi et à
Huon mon mari , que Dieu par sa grâce
veuille bien l'en récompenser. Réjouissez-
vous, dit Gloriand, dans peu de tems vous
reverrez votre mari , il a passé la mer et il
est en chemin pour revenir. Quand Esclarmonde entendit Gloriand, elle fut si ravie
qu'elle ne savait quoi lui répondre ; enfin,
reprenant ses sens, elle lui dit : cher Gloriand,
je dois bien vous chérir et vous aimer de ce
que vous me donnez de si heureuses nouvelles. Alors Gloriand et Malebron dirent à
Esclarmonde, reposez-vous un peu ici jusqu'à ce que nous ayons délivrés les prisonniers que l'on conduit à la mort et que nous
espérons ramener auprès de vous. Ils partirent et laissèrent Esclarmonde qui se mit
à genoux et levant les yeux et les mains au
Ciel , elle rendit grâces à Notre-Seigneur
Jésus-Christ du secours qu'il voulait bien
lui envoyer par le moyen du Roi Oberon.
Gloriand et Malebron après avoir quitté la
Dame , vinrent à l'endroit où étaient plantées
les potences , ils délièrent et délivrèrent les
trois cents prisonniers. Ils tuèrent plusieurs
des gens qui étaient commis pour les pendre.
Quand ils virent que les deux Chevaliers en
détruisaient un si grand nombre , ils ne
savaient que devenir et se crurent attaqués
par une armée des plus nombreuses , tant
les deux Chevaliers causaient de destruction.
La peur s'empara de leurs esprits et ils prirent
la fuite du côté de l'Empereur , qui fut bien
surpris de cette déroute. On lui avait déjà
dit que la Duchesse Esclarmonde était délivrée et que l'on ne savait pas qui étaient ceux
qui l'avaient mis en liberté ; mais qu'ils

étaient venus comme la foudre. L'Empereur Thierry jeta de nouveau ses regards sur la montagne et vit que tout le peuple qui y était allé pour voir pendre les trois cents prisonniers, s'en revenait vers lui en fuyant à perte haleine, et lorsqu'ils furent arrivés devant lui, ils lui racontèrent tout ce qu'ils avaient vu et entendu, ce qui causa une frayeur mortelle à l'Empereur et à ses Barons qui étaient autour de lui.

Ah! Sire, dit le Duc d'Autriche, il aurait mieux valu vous en rapporter au Duc Hildebert votre cousin, qu'à votre ressentiment. Sachez que vous avez beaucoup courroucé Notre-Seigneur Jésus-Christ, d'avoir voulu faire une action si cruelle et si injuste, principalement dans le tems de la sainte Quarantaine. Quand les deux Chevaliers Gloriand et Malebron eurent délivrés Esclarmonde et les trois cents prisonniers, ils les amenèrent vers l'Empereur et ne se firent voir qu'eux deux. Quand l'Empereur vit la Dame et les prisonniers devant lui, et que ce n'était que par deux Chevaliers armés qu'ils se voyaient en liberté, il n'eut pas tant de crainte qu'auparavant, et leur dit avec fierté : comment avez-vous été assez hardis pour oser délivrer ceux que j'avais condamné à la mort? ainsi je vous fais savoir, que je ne boirai ni ne mangerai qu'auparavant je ne vous aie fait pendre et étrangler, ensuite je ferai brûler Esclarmonde. Alors Gloriand et Malebron levèrent la visière de leurs casques; dès qu'ils eurent découvert leur visage, on aperçut qu'ils étaient deux chevaliers d'une rare beauté. Alors Gloriand dit hardiment à l'Empereur Thierry : Sire, nous faisons bien peu de cas de vous et de vos menaces, mais faites attention à ce que le noble et puissant Roi Oberon nous a chargé de vous ordonner de sa part, et tremblez pour vos jours, si vous ne vous conformez en tout à ses commandemens. Le Roi Oberon vous enjoint expressément de ne faire aucun mal à cette noble Dame, ni à tous les prisonniers qui sont avec elle ici présens, avant que Pâques soit passé; vous aurez soin de faire donner à cette Dame dans votre hôtel une chambre bien garnie et vous lui donnerez aussi des Dames et Demoiselles pour l'accompagner et la servir honorablement comme si elle était votre propre fille. Pour ce qui concerne les prisonniers, vous les ferez revêtir et nourrir comme s'ils étaient Chevaliers de votre Cour. Prenez garde de faire autrement, car si vous n'exécutez pas ce que je viens de vous prescrire, il n'y a personne sur la terre qui puisse vous préserver de la mort. Tels sont les ordres que vous donne le noble Roi Oberon, qui est le souverain Seigneur du Royaume de Féerie. Quand l'Empereur Thierry entendit Gloriand, le Chevalier et Malebron qui, devant lui, étaient tous armés l'épée teinte de sang des Allemands qu'ils avaient tués, il en fut si fâché et en eut une si grande terreur, qu'il se tourna vers ses Barons et leur dit : Seigneurs, je vous prie de me donner avis sur ce que je dois faire. Vous pouvez bien avoir ouï parler du Roi Oberon et de sa puissance qui est très-grande, ce qui fait que je le redoute beaucoup; vous pouvez voir comme par deux Chevaliers seulement ont été réchappés ceux que j'avais condamné à la mort, et quelle destruction ils ont faite des gens que j'avais chargé d'exécuter mes ordres pour cela. D'autre part, il me mande par les deux Chevaliers, de conserver et avoir bien soin de la Dame et des prisonniers qui sont avec elle, et que je ne sois pas assez hardi pour leur faire aucun mal avant que Pâques soit passé. Un ancien Chevalier s'avança et dit à l'Empereur : Sire, sachez que le Roi Oberon est bien puissant et vertueux, car il n'y a rien au monde dont il ne soit instruit; joint à cela, toutes les fois qu'il lui vint à plaisir, il se trouve où il désire être, avec un aussi grand nombre de gens qu'il en veut avoir. Et croyez certainement, que si vous allez contre ses volontés, les deux Chevaliers qui vous sont apparus, sont assez puissans pour vous détruire sans que le Roi Oberon s'en mêle, et pour cela je pense que vous répondiez aux deux Chevaliers, que vous exécuterez ponctuellement tout ce que le Roi Oberon vous a ordonné. Tous les Barons engagèrent l'Empereur à suivre cet avis.

Quand l'Empereur Thierry eut entendu ses Barons lui parler ainsi, il retourna parler aux deux Chevaliers fées et leur dit : Seigneurs, vous direz au Roi Oberon de ma part que je le salue bien respectueusement, que j'accomplirai autant qu'il me sera possible tout ce qu'il m'a recommandé par votre ministère. Sire, dit Gloriand, si vous le faites comme vous le dites, le noble Roi Oberon vous regardera pour son ami ; de notre côté nous vous recommandons à Dieu. Alors disparurent les deux Chevaliers d'une manière prompte que l'Empereur et ceux qui étaient là, ne surent que dire de leur départ. Gloriand et Malebron partirent avec tant de précipitation, qu'en peu de tems ils arrivèrent à Montmur, où ils trouvèrent le noble Roi Oberon auquel ils racontèrent tout ce qu'ils avaient fait et qu'à l'instant la Dame Esclarmonde et les gens de Huon étaient en liberté et étaient traités comme il l'avait ordonné. Ils lui dirent qu'avant un mois ils payeront bien cher les aises qu'il leur donnera ; car avant qu'il soit un mois passé, il leur fera souffrir de nouveaux maux par la haine qu'il garde dans son cœur à l'égard de Huon ; il les fera remettre en prison où ils seront en grande misère, et quand Pâques viendra, il voudra faire brûler Esclarmonde et faire mourir tous ceux qui sont en prison avec elle, et ne pourront en échapper s'ils ne sont secourus. Sire, dit Gloriand, cependant je ne crois pas que l'Empereur ose le penser. Gloriand, dit le Roi Oberon, sachez que la grande haine qui est en son cœur l'excitera à le faire. Nous parlerons maintenant de l'Empereur Thierry.

Comme l'Empereur fit habiller Esclarmonde ainsi que les prisonniers ; comme un mois après il les fit tous remettre en prison.

Quand les deux Chevaliers Gloriand et Malebron furent partis de la présence de l'Empereur et qu'ils furent revenus tous dans Mayence, l'Empereur fit ramener Esclarmonde et les prisonniers, tous les Bourgeois et les Dames de la ville furent bien charmés du bonheur que la Dame et ceux qui étaient avec elle venaient d'avoir, d'être échappés au supplice auquel ils étaient condamnés. L'Empereur fit conduire Esclarmonde dans son palais, et lui fit préparer des chambres telles que son rang méritait, il lui donna ensuite quatre femmes-de-chambre pour la servir ; il la fit parer et richement habiller comme si elle eut été sa propre fille ; sa beauté reparut bientôt. Les trois cents prisonniers eurent de fort belles chambres et furent habillés comme il convient ; ils eurent autant de liberté que les gens de l'Empereur, parce qu'il leur avait donné toute liberté. Mais trois semaines furent à peine écoulées, que la grande haine que l'Empereur conservait pour la Dame Esclarmonde et les prisonniers, se ranima de nouveau, et fit tourner le peu de satisfaction qu'ils avaient eu, en des tourmens affreux ; il jura sur son Dieu, que malgré le Roi Oberon, et pour telle chose qui dût lui arriver, il ne serait pas content qu'il ne les eût tous fait mettre en prison, et que dès que Pâques serait passé, il ferait brûler la Dame et pendre tous les prisonniers, et prendrait vengeance contr'eux, par rapport à la haine qu'il ne pouvait étouffer dans son cœur contre Huon, qu'il prétendait lui avoir fait beaucoup de mal, et il ne pouvait l'oublier. Quand il eut dit cela, il ordonna à ses gens d'aller prendre Esclarmonde pour la remettre en prison avec les trois cents Chevaliers, comme ils y avaient été auparavant. Ses gens exécutèrent ses ordres sur-le-champ. Esclarmonde et les autres prisonniers furent saisis d'une grande terreur, et ils se dirent les uns aux autres, c'est pour cette fois que notre mort est certaine. Esclarmonde de son côté, se mit à pleurer et regretter son cher mari Huon en disant : Ah ! cher ami, que vous tardez à venir, je crains bien que vous n'arriviez pas à tems, et que mon supplice ne soit accompli ; que je dois donc maudire l'heure où je suis née, car de ma vie je n'ai essuyé tant de douleur et de chagrin. Il vaudrait mieux pour moi que je fusse morte, que de passer ainsi mes jours dans une affreuse prison. Elle se recommandait à Dieu, et le priait de vouloir bien prendre pitié d'elle. Ainsi comme vous le pouvez voir, la pauvre Esclarmonde et les trois cents prisonniers furent remis en prison, où ils souffrirent bien des peines et de la misère, car ils n'avaient pour toute nourriture que du pain d'orge et de l'eau. Nous parlerons maintenant de Huon qui etait arrivé à Marseille.

Comme Huon partis de Marseille, et vint trouver l'Abbé de Clugny son oncle, auquel il ne se fit pas connaître sur-le-champ, et après il se fit reconnaître à son oncle et à sa fille Clairette.

APRÈS que le noble Huon de Bordeaux eût séjourné quelque tems a Marseille, il apprêta son équipage, fit acheter des mulets et des chevaux pour lui et pour tous ceux qui etaient avec lui, il fit charger ses bêtes de somme et n'oublia pas la patte du Griffon qui était très-grosse, il la fit envelopper afin qu'elle ne fût pas vue de tout le monde. Quand il eut fait préparer et charger tout ce dont il avait besoin, il partit de Marseille, et après avoir traversé la Provence, il vint dans le Maconnois, et arriva le mardi au soir dans la ville de Tournus, et quand il y fut arrivé, et qu'ils eurent soupé, il appela Bernard et lui dit : mon cher cousin, je vous prie de me faire le plaisir de m'attendre ici, car je veux aller voir mon oncle l'Abbé de Clugny et ma fille Clairette, qu'il y a longtems que je désire voir; j'irai étant déguisé sous l'habit de Pélerin, et reviendrai ensuite vous retrouver. Sire, dit Bernard, tout ce qui peut vous faire plaisir nous en fait pareillement. Ils soupèrent et furent ensuite se coucher. Le lendemain matin Huon s'habilla en Pélerin, il prit l'écharpe et le bourdon, et tout l'ajustement, et ensuite il se botta; il avait la barbe et les cheveux très-longs, ce qui le faisait beaucoup ressembler aux Pélerins. Quand Bernard et ses compagnons le virent ainsi arrangé, ils se prirent à rire et lui dirent : Sire, on voit bien à votre façon d'agir que vous êtes de bonne famille, il me semble que si vous vouliez faire un peu trembler le bâton, vous n'auriez pas beaucoup de peine à faire sortir l'argent des bourses de ses petites femmelettes. Huon

l'ayant ouï, ne put s'empêcher d'en rire, il prit congé de Bernard et de ses compagnons, puis il partit tout seul et ne cessa de marcher jusqu'à ce qu'il fut arrivé à Clugny. Dès qu'il fut arrivé, il alla frapper à la porte de l'Abbaye, il appela le portier, et lui dit: Ami, je vous prie de me vouloir laisser entrer ici. Le portier ayant ouvert la porte, considéra attentivement Huon, et dit en lui-même qu'il n'avait jamais vu un plus bel homme et mieux accompli; il dit à Huon, beau Pélerin, vous pouvez entrer. Alors Huon entra, et dit au portier : Ami, sachez que je viens au delà de la mer, et que j'ai été baiser le Saint Sépulcre, où j'ai souffert bien des peines; j'ai connu autrefois l'Abbé de cette Abbaye, et je ne voulais pas passer sans le voir ni sans lui parler, je vous prie de me faire le plaisir de me conduire vers lui, il me reconnaîtra bientôt. Sire, lui répondit le portier, comme vous me paraissez être d'une famille honnête, ainsi vous pouvez librement parcourir cet hôtel, et vous trouverez certainement l'Abbé notre bon Seigneur, qui converse dans une salle avec ses religieux; je suis bien persuadé, comme vous êtes connu de lui, il vous recevra très-bien, car c'est un homme des plus sages que l'on puisse trouver au-delà de la mer. Ami, dit Huon, votre politesse pourra vous être avantageuse. Alors Huon quitta le portier et s'en alla dans la salle où il trouva l'Abbé, qui causait avec ses Religieux. Huon salua le bon Abbé et sa compagnie. Ami, dit l'Abbé à Huon, soyez le bien venu, je vous prie de me dire d'où vous venez? Sire, dit Huon, sachez que je viens d'outre-mer, et que j'ai été à la Sainte ville de Jérusalem, où j'ai baisé le Saint Sépulcre dans lequel Notre-Seigneur a été mis après avoir été crucifié; j'ai été au-delà de la mer environ six ans; le sujet pour lequel je suis venu, est parce que j'ai trouvé un Chevalier à-peu-près de mon âge, qui se nomme Huon de Bordeaux, et se dit être votre neveu. Quand il eut appris que je partais pour ce pays, il me chargea de vous le recommander, je suis venu vers vous pour accomplir mon message; car nous nous sommes trouvés en plusieurs batailles, et nous nous aimions beaucoup. Quand le bon Abbé de Clugny eut entendu le Pélerin, des larmes lui tombèrent des yeux ; il dit ensuite, Ami, je pense que tout ce que vous me dites est véritable ; je suis bien aise que vous ayez vu mon neveu, car je vous assure qu'il n'y a personne au monde qui me soit plus cher et que je désire davantage de revoir en ces lieux, dites-moi, je vous en prie, ce qu'il a envie de faire, et s'il pense revenir dans ce pays, ou s'il veut rester où il est ; je voudrais qu'il m'en eût coûté mille marcs d'or, et qu'il fut maintenant dans cette salle.

Sire, dit Huon, avant qu'il soit un mois vous reverrez ce neveu que vous aimez tant; car il me dit lors de mon départ, qu'il avait une fille que vous avez soin de nourrir et élever, il m'a chargé de vous prier de vouloir bien me la faire voir, je désire avec une grande impatience, et j'espère que vous me ferez ce plaisir. Je vous la ferai voir très-volontiers dit l'Abbé à Huon, j'ose bien vous dire que vous ne sauriez trouver dans le monde une fille plus sage ni mieux apprise pour son âge, car elle n'a pas plus de dix ans. Quand Huon entendit l'Abbé faire un si bel éloge de sa fille, il fut bien joyeux, et rendit en lui-même grâces à Notre-Seigneur Jésus-Christ. L'Abbé appela alors un respectable Chevalier nommé Emery, il lui dit d'aller chercher sa nièce Clairette ; alors le Chevalier s'en fut à la chambre où elle était à converser avec quatre Dames qui prenaient soin de l'élever.

Le Chevalier Emery entra et salua respectueusement la Demoiselle et toute la compagnie qui était présente. Sire Ecuyer, je suis bien charmée de votre venue, je vous prie de me dire quelles nouvelles me procurent le plaisir de vous voir. Belle et aimable Demoiselle, lui dit Emery, il y a ici un Pélerin qui vient d'outre mer, il a dit à votre cher oncle des nouvelles de Huon de Bordeaux votre père, votre oncle m'a chargé de vous dire que vous lui vinssiez parler. Elle n'eut pas plutôt entendu parler de son père, qu'elle désira ardemment d'en avoir des nouvelles certaines. Elle sortit de sa

chambre accompagné de quatre Dames, et vint dans la salle où était son oncle l'Abbé avec ses nobles Chevaliers. Elle entra dans la salle, elle était richement parée, ce qui relevait beaucoup sa beauté ; la nature l'avait si bien formée, que l'art n'avait pas besoin d'y suppléer ; elle avait la chair plus blanche que les lys, et des couleurs plus vermeilles que les roses ; elle avait les dents blanches, petites et serrées, les yeux riants, le nez effilé, les cheveux blonds, les oreilles petites, le menton bien tourné, la gorge bien prise et la taille bien légère ; on ne pouvait la voir sans être épris tant son maintien était doux et modeste : je ne puis exprimer assez toute sa beauté et sa vertu.

Huon voyant sa fille qui était si belle, ne put s'empêcher de la regarder avec beaucoup de surprise, sans cependant affecter. L'Abbé prit sa nièce par la main, et la conduisit vers Huon de Borderux, et lui dit : Pélerin, que vous semble de cette Demoiselle? Vous voyez qu'elle a un très-beau teint, le soleil ne lui a point terni ; elle est aussi bien élevée qu'elle est belle ; elle est fille du noble Huon de Bordeaux, qui est l'homme que j'aime le mieux dans le monde : plût à Dieu qu'elle pût le voir comme vous ; si mes jours peuvent encore être prolongés, je la marierai richement, et je lui donnerai la plus grande partie de mes biens. Sire, dit Huon, je souhaite qu'elle soit mariée comme il faut, et qu'elle ait une heureuse postérité. Alors la belle Clairette dit poliment à Huon : Pélerin, faites-moi, je vous prie, le plaisir de me donner quelques nouvelles de mon très-cher père Huon ! Belle, lui répondit Huon, nous avons été assez long-tems ensemble au-delà de la mer, nous avons combattu contre le Soudan qui est actuellement à Babylone ; ce n'est pas celui qui y fut mis par Huon de Bordeaux quand il eut tué l'Amiral Gaudisse, car c'est un autre qui depuis a reconquis la ville et tout le pays d'Egypte. Nous avons eu beaucoup à souffrir le Duc Huon et moi, mais à la fin nous avons remporté la victoire sur le Soudan et ses gens. Pélerin, dit Clairette, je vous prie de me dire la vérité, pensez-vous que mon père revienne dans ce pays, car c'est la chose que je désire le plus au monde. Belle, lui répondit Huon de Bordeaux, je vous assure vraiment qu'avant qu'il soit deux mois, vous le reverrez en bonne santé. Grand Dieu! je souhaite que cela soit ainsi, afin qu'il puisse mettre hors de prison ma mère qui y est dans une extrême misère.

Quand Huon entendit sa fille, il ne lui fut pas possible de se déguiser davantage, il lui dit: Ma chère fille, s'il plaît à Notre-Seigneur Jésus-Christ, avant que le mois d'août soit passé, je l'en retirerai, ou je ne pourrai faire autrement; car je ferai une guerre considérable à l'Empereur, et avant de mourir je lui trancherai la tête. La Demoiselle entendant Huon l'appeler sa fille, changea de couleur et devint rouge, elle pensa bien aux discours qu'il venait de tenir, que c'était son père, elle en fut bien ravie, et lui dit: Sire, s'il est vrai que vous soyez le Duc Huon de Bordeaux mon père, que je suis heureuse! Ma chère fille, croyez-le, il m'est impossible de vous le cacher davantage. Clairette voyant bien que Huon était son père, se jeta à son cou, et l'embrassa en pleurant de joie. Le bon Abbé de Clugny vint aussi l'embrasser et lui dit: Mon très-cher neveu, la joie de mon âme, je suis charmé de votre arrivé que je n'ose m'en croire. Il l'embrassa encore une fois et lui témoigna l'amitié la plus sensible; Clairette sa fille ne pouvait quitter ses embrassemens. Alors tous ceux de l'hôtel vinrent saluer Huon de Bordeaux. L'Abbé lui dit ensuite, vous me surprenez de vous voir revenir en si petite compagnie.

Mon cher oncle répondit Huon, je n'ai pu faire autrement, car j'ai eu tant d'aventures et de tempêtes sur mer, que la plupart de mes gens sont péris, les uns par maladies, d'autres sont retournés dans le pays de leur naissance, mais ceux que j'ai mené avec moi, sont restés à la roche de l'Aymant où ils sont morts de faim, ainsi que ceux qui voulaient me conduire dans Anfamie pour chercher du secours. Huon fit ensuite le détail de toutes les aventures qu'il avait eu depuis qu'il était parti de Bordeaux. Il y en

avait beaucoup dans l'assemblée qui s'en moquaient et disaient qu'il leur contait des mensonges; ils se disaient l'un à l'autre, les voyageurs ont un grand avantage, c'est qu'ils peuvent mentir sans trouver personne qui les puisse contre dire, et quand même on le ferait, ils pourraient vous dire d'y aller voir. Neveu, dit l'Abbé, si j'étais assez jeune pour pouvoir porter les armes, je vous accompagnerais volontiers pour aller combattre cet Empereur qui vous a fait tant de maux; je mettrais sur pied un grand nombre de soldats que je payerais avec les trésors que j'ai amassé, et que je garde depuis très-long-tems, et je lui ferais une guerre si sanglante, qu'il s'en souviendrait plus d'un jour, ou je périrais, ou bien je lui ferais réparer les torts qu'il vous a fait. Je lui en ai déjà fait éprouver, car il n'y a pas long-tems que mes gens ont tué son neveu et tous ceux qui étaient avec lui. Sachez que depuis bien du tems j'ai amassé des trésors suffisans pour entretenir vingt mille hommes pendant l'espace de deux ans; mais je ne puis plus marcher, car j'ai cent quatre-vingt ans; mais je puis vous aider de mes trésors, et vous pourrez en disposer avant qu'il vous en sera besoin. Sire, dit Huon, j'espere que Notre-Seigneur Jésus-Christ vous récompensera de vos offres.

Comme Huon de Bordeaux raconta à son cher oncle l'Abbé de Clugny toutes les aventures qu'il avait eues depuis qu'il était parti de Bordeaux et comme il lui donna une pomme de l'arbre de Jouvence, ce qui le fit revenir aussi jeune comme il était à trente ans.

Huon voyant que son oncle lui faisait des offres avantageuses, lui dit: Mon cher oncle, je vous remercie du bien que vous avez fait à ma fille Clairette, que vous voulez bien me faire encore, j'espère que Dieu vous récompensera. Sire, apprenez que quand j'eus tué les Griffons, je vins auprès d'une belle fontaine près de laquelle était un grand arbre garni de fruits très-beaux et très-bons, on l'appelle l'arbre de Jouvence, j'y ai cueilli trois pommes dont je vous en donnerai une et vous la mangerez, aussitôt que vous l'aurez mangée, vous reviendrez aussi fort et paraîtrez aussi jeune comme vous l'étiez à l'âge de trente ans. Alors il y eut un des moines que l'on nommait Dampleam-Sallivet, qui ayant entendu ce que Huon venait de dire, ne put s'empêcher de rire et de lui dire: Sire, que nous dites-vous donc? Sachez qu'il y a certainement plus de deux mille ans passés qu'il y ait été aucun homme à l'arbre de Jouvence, et cela n'est point vrai. Quand Huon vit le moine le démentir ainsi, la colère lui monta au visage, il leva son bourdon et il eut frappé le moine si l'on ne s'y fut aussitôt opposé, il lui dit: Mauvais moine, tu en auras menti, car dans peu l'on verra si j'ai dit vrai ou faux. Alors le bon Abbé se mit entr'eux deux, abattit le bourdon qui était préparé pour frapper le moine, et dit à Huon, mon cher neveu, calmez votre colère; il dit ensuite au moine, par la foi que je dois à saint Benoît, vous payerez cher le démenti que vous avez donné, il le fit prendre et le fit mettre en prison, puis il dit a Huon, je vous prie de ne plus vous mettre en colère. Huon tira alors une des pommes et la présenta à son oncle en lui disant: Sire, recevez cette pomme que j'ai cueilli sur l'arbre de Jouvence, j'y ai cueilli trois pommes, dont j'en ai donné une à l'Amiral de Perse, une à vous, et l'autre que je garde pour moi: vous mangerez celle que je vous ai donnée: j'en aurais cueilli davantage, mais Notre-Seigneur me l'a fait défendre par un Ange. Apprenez, que quand j'eus donné la pomme à l'Amiral de Perse qui avait plus de cent vingt ans, il ne l'eut pas plutôt mangée qu'il devint aussi fort comme s'il n'avait eu que trente ans, et il est à-présent un des plus beaux Princes que l'on puisse voir. Ce miracle a fait convertir à la foi de Notre-Seigneur, les Barons et le peuple de ce Royaume; la plupart se firent baptiser, et ceux qui ne voulurent pas y croire, furent mis en pièces, ensuite l'Amiral pour me prouver l'amitié qu'il avait pour moi, passa la mer avec une armée nombreuse; nous entrâmes dans la ville du Soudan, que nous

avons conquis. Le bon Abbé fut bien joyeux de ce que son neveu Huon venait de lui raconter, il fit le signe de la croix, prit la pomme et la mangea toute entière, aussitôt et en présence de toute l'assemblée, il parut n'avoir que trente ans, sa barbe qui était très-blanche, devint noire, son corps droit et robuste; enfin joyeux de se voir en un tel embonpoint, il embrassa Huon de tout son cœur. Ceux qui étaient présens à ce miracle furent bien surpris, et se dirent les uns aux autres que Huon était un homme digne de foi, et qu'ils ne pouvaient pas croire qu'il fut jamais sorti un seul mensonge de sa bouche. On était tous en joie dans la salle de l'Abbé de Clugny, il fit servir à dîner, ils se mirent tous à table, où la conversation fut très-gaie, et quand ils eurent dîné et rendu grâces à Dieu, tous les moines vinrent témoigner leurs respects au noble Huon de Bordeaux, et le prièrent de vouloir bien accorder le pardon à Dom Jean Salivet, qui par une trop grande imprudence de jeunesse, avait si mal parlé, mais qu'il n'avait point eu de mauvaise intention. Huon voyant qu'ils étaient tous à ses genoux pour lui demander le pardon de ce moine, leur répondit qu'il lui pardonnait de tout son cœur, et qu'il n'était pas venu pour faire de la peine à quelqu'un.

Quand l'Abbé entendit que Huon pardonnait à son moine, il l'en remercia, et lui dit: Sire, si vous ne lui eussiez pardonné je vous jure qu'il ne serait pas sorti de la prison avant un an. Les moines allèrent aussitôt à la prison, et racontèrent à Dom Jean Salivet toutes les merveilles qu'ils avaient vus depuis qu'il avait été mis en prison; ils lui racontèrent comme leur Abbé qui était très-vieux était rajeuni et ne paraissait pas avoir plus de trente ans. Seigneurs, leur répondit Jean Salivet, je suis bien joyeux d'être délivré; mais j'ai bien de la peine à croire que cela soit tel que vous me le dites: je désirerais bien le voir; alors ils l'amenèrent dans la salle où était l'Abbé avec Huon. Quand le moine vit son Abbé rajeuni comme on lui avait assuré, il se jeta à genoux, et demanda pardon à Huon, qui lui pardonna

aussi-

aussitôt. La joie éclata alors dans tout le Palais. L'Abbé dit à Huon, vous pouvez lever vingt mille hommes, si vous en avez besoin, car j'ai assez d'or et d'argent pour les entretenir. Nous manderons ensuite nos amis, et nous en trouverons assez pour combattre cet Empereur, qui vous a tant fait de mal de vous usurper vos heritages, et ce qui est pis encore, de retenir dans une affreuse prison votre chère Esclarmonde; sa barbarie me met dans une colère implacable contre lui. Huon lui dit : Sire, il me semble qu'il vaudrait mieux que je m'y prisse d'une autre manière, si je puis m'accorder avec l'Empereur Thierry, je pense que ce serait mieux agir, j'espère même qu'il me rendrait mes terres et seigneureries, ma femme et mes hommes. Si je pouvais être de ses amis, ce serait mieux agir, car je lui ai fait bien du mal. Je voudrais bien savoir, lui dit l'Abbé, comment vous viendrez à bout de cette entreprise? Cher oncle, dit Huon, cette nuit je penserai à cette affaire, j'espère qu'avec l'aide de Dieu je pourrai réussir.

Comme Huon de Bordeaux partit de Clugny, arriva un vendredi dans la ville de Mayence, et se mit auprès de la Chapelle de l'Empereur Thierry.

APRÈS que le Duc Huon et l'Abbé de Clugny son oncle, eurent conversé de différentes choses, Huon écrivit une lettre à ses gens qui étaient à Tournus, par laquelle il leur mandait de venir le trouver à l'Abbaye de Clugny; il envoya un Gentilhomme pour les aller chercher. Dès qu'il fut arrivé à Tournus, il remit cette lettre à Bernard, aussitôt ils se préparèrent et chargèrent leurs sommiers, puis ils partirent tous ensemble de Tournus, ils revinrent à l'Abbaye de Clugny, et comme ils arrivaient, Huon et l'Abbé de Clugny étaient appuyés à une des fenêtres du Palais, l'Abbé regarda et aperçut venir quinze gros sommiers chargés, et environ sept à huit mulets, dont il fut bien surpris de savoir ce que ce pouvait être, et à qui ils étaient; il dit à Huon : Neveu, pourriez-vous me dire à qui sont les sommiers que je vois entrer ici, et qui sont les gens qui les conduisent? Sire, dit Huon, ce sont les miens, et celui qui en a la conduite est Bernard, qui a souffert bien des peines avant de me trouver. Mon cher neveu, dit l'Abbé, je suis bien charmé de ce que Bernard vous a retrouvé, car c'est un des prud'hommes que je puisse connaître; nous devons bien le chérir, parce qu'il est notre parent, et qu'il nous a toujours été favorable. Huon lui dit: cela est vrai, il possède toutes les vertus que vous lui attribuez. Voyez ce grand sommier qui est au milieu des autres, il porte des coffres bien ferrés et bandés, ils contiennent des pierreries pour plus de la valeur de quatre bonnes villes, je vous les donnerai en garde pour le mariage de ma chère fille Clairette, et il embrassa sa fille aussitôt qu'il eut proféré ces paroles. Neveu, dit l'Abbé, malgré ce bien que vous voulez donner à votre fille, j'espère lui faire partager mes trésors. Bernard et les Gentilshommes qui étaient avec lui, vinrent descendre au Palais. Quand l'Abbé aperçut Bernard, il vint au-devant de lui, l'embrassa à bras ouverts, et fit beaucoup d'amitiés à ceux qui étaient avec lui. Le Duc Huon de Bordeaux et le bon Abbé son oncle avec la belle Clairette, firent décharger les sommiers, et ouvrirent le coffre. Quand l'Abbé eut vu toutes les richesses qui y étaient, il fut bien étonné, et dit à Huon, je crois que vous avez assez de richesses pour acheter tout le Royaume de France. Huon prit dans le coffre un collier d'or qui était enrichi de pierreries qui jettaient un éclat resplendissant dans toute la chambre. Huon vint ensuite vers sa fille, lui mit au cou le riche collier et l'embrassa tendrement en lui disant: Ma très-chère fille, je ne vous ai jamais rien donné, mais je vous fais présent de ce riche collier, il vaut seul un Royaume ou au moins un Duché, il l'embrassa de nouveau. Quand Clairette vit ce beau collier, elle fut si ravie qu'elle se jeta au genoux de son père pour l'embrasser. Le Duc Huon montra à son oncle tout son trésor et ses pierreries. Quand l'Abbé eut vu toutes les richesses de Huon, il les fit mettre dans un grand coffre. Huon se para ensuite de ses habits les plus riches et les plus beaux qu'il pouvait avoir, quand il fut habillé il avait un port de Roi, on le regardait avec plaisir; il y eut pendant huit jours des divertissemens dans tout le Palais, et le neuvième jour Huon appela Bernard, et s'étant préparés, ils partirent sans rien dire à personne excepté à l'Abbé de Clugny, auquel Huon dit : Mon cher oncle, vous saurez que Bernard et moi partons, mais je vous prie de ne parler à personne de notre départ, et de tenir la chose secrète jusqu'à ce que vous ayez de nos nouvelles. Neveu, dit l'Abbé, je le ferai ainsi que vous me le recommandez. Huon et Bernard partirent avant que personne ne fût levé dans le Palais. Ils prirent la route de Mayence, et ils arrivèrent ce jour-là à Mayence, où ils couchèrent. Le lendemain matin ils partirent et passèrent dans un petit bois, où ils mirent pied à terre. Huon mit un autre habit, mit des bas et les gros souliers; il prit ensuite une herbe, s'en frotta le visage, de manière qu'il semblait à le voir qu'il eut été dix ans au soleil, ce qui le rendait tout-à-fait méconnaissable; Bernard lui-même n'aurait pas pu le reconnaître, s'il ne l'eut vu se déguiser. Quand il lui vit l'écharpe au cou et le bourdon à la main, il ne put s'empêcher de rire. Huon dit à Bernard de s'en aller auparavant lui avec tous les équipages dans la ville de Mayence, et de loger dans une petite hôtellerie. Bernard prit le devant comme Huon lui avait recommandé. Huon eut soin de prendre les trente pierres précieuses qui avaient tant de vertus, et vint à pied à Mayence, où à peine arrivé qu'il vint au Palais, et comme il pensait monter les degrés, il rencontra le maître de l'hôtel de l'Empereur, lui dit : Sire, je vous prie au nom de Dieu et de la Sainte Vierge Marie, de me faire donner à manger, car j'ai une si grande faim, que peu s'en faut que je ne tombe en défaillance, car je n'ai pas une obole pour m'acheter du pain. Quand le maître de l'hôtel vit le Pélerin lui demander à manger, il le regarda, et voyant qu'il faisait trembler le bâton, il eut pitié et lui demanda d'où il venait? Sire, lui répondit Huon, je viens de Jérusalem adorer le Saint

Sepulcre, et j'ai eu bien des peines et des misères. Ami, dit le maître d'hôtel, attendez un moment que j'aie été à la prison porter à manger à la Duchesse Esclarmonde et aux autres prisonniers qui doivent avoir un grand besoin, si je ne leur porte à manger, ils pourraient mourir de faim. L'Empereur a une si grande haine contre Esclarmonde et les autres prisonniers, qu'il a fait serment que dès que Pâques serait passé, il la ferait brûler et pendre tous les autres prisonniers; c'est aujourd'hui le grand Jeudi, ils n'ont plus guères de tems à vivre, et ce qui me déplait le plus, c'est de ce que l'Empereur veut faire mourir Esclarmonde sans qu'elle l'ait mérité. Quand Huon eut entendu le maître-d'hôtel, il trembla de tous ses membres, et baissant la tête il se mit à pleurer, et quitta le maître-d'hôtel sans lui rien dire. Il sortit de la ville et s'en fut loger dans les fauxbourgs; il avait dans son chagrin une espèce de consolation de savoir que sa femme était encore vivante, car il la croyait morte. Il se logea dans la maison d'un Bourgeois, qui le reçut fort bien; mais telles choses qu'on lui offrit, il ne lui fut pas possible de manger, tant il avait le cœur serré par le chagrin; il appela son hôte et lui dit : Sire, ce sera demain le jour du Vendredi saint, je pense que l'Empereur fera des aumônes. Vous pouvez le croire, lui répondit son hôte, il fera demain de grandes largesses à tous les pauvres qui se trouveront devant lui, car je ne connais pas d'hommes plus charitable que lui. Mais il faut que je vous avertisse d'une chose, c'est que le premier pauvre qui s'adresse à lui ce jour-là, n'a plus rien à désirer, car l'empereur ne lui refuse rien; mais il faut se trouver dans sa Chapelle à l'heure qu'il finit sa prière. Quand Huon de Bordeaux entendit cela, il fut bien joyeux, et dit en lui-même, que s'il lui est possible, il se trouverait le premier pour demander l'aumône, mais ce ne sera ni or ni argent, mais sa femme Esclarmonde et ses gens, qu'il tient en prison, seront l'objet de sa demande, de ses terres s'il peut les avoir. Il quitta son hôte, et alla se coucher; mais il ne put dormir et pensa toute la nuit aux moyens de délivrer sa chère Esclarmonde et ceux qui étaient prisonniers avec elle. Il pria Dieu de lui faire la grâce de trouver les moyens de délivrer sa chère Esclarmonde. Le lendemain matin il s'habilla et sortit pour aller au Palais, il se mit sur les degrés où l'Empereur devait passer; il y en avait déjà plusieurs qui attendaient la venue de l'Empereur, et d'un grand nombre de pauvres qui étaient à attendre, il n'y en avait pas un seul qui ne désirât être le premier; mais Huon fit si bien qu'il se glissa adroitement le premier dans la Chapelle, où il se cacha dans un coin vers le Prie-Dieu de l'Empereur.

Comme Huon fit tant auprès de l'Empereur qu'il en obtint la paix, et sa femme Esclarmonde lui fut rendue avec ses hommes, et comme il emmena Esclarmonde à Clugny, où il trouva son oncle en armes, parce qu'il ignorait que la paix etait faite.

Un instant après que Huon fut entré, l'Empereur entra dans sa Chapelle et se mit à genoux devant l'Autel où il fit sa prière; il y avait bien des pauvres qui attendaient que sa prière fut finie; mais ils ne se méfiaient pas de Huon qui était le plus près de l'Empereur. Quand l'Empereur eut fini sa prière, il se leva pour s'en retourner, Huon qui désirait être le premier, tira de sa poche une de ses pierres précieuses, qui avait tant de vertus, que celui qui la portait sur lui, ne pourrait être vaincu de son ennemi, ni périr par le feu, ni par l'eau. Elle répandait une clarté très-brillante dans toute la Chapelle, l'Empereur regarda du côté d'où venait cette lumière, et vit que Huon tenait cette pierrerie dans sa main, et qu'il lui presentait. Quand il vit cette pierre, il désira aussitôt l'avoir, et Huon la lui donna; il fut bien charmé de ce présent, il en savait la valeur, car il se connaissait parfaitement aux pierreries. Il promit que le Pélerin ne l'aurait jamais, telle chose qu'il voulut employer; mais que s'il voulait lui vendre, il lui donnerait autant d'or et d'argent qu'il pourrait lui en demander, et qu'il le ferait

assez riche. Alors l'Empereur appela Huon et lui dit : Je vous prie de me dire où vous avez eu cette pierrerie? Sire, répondit Huon, je l'ai rapportée d'outre mer. Ami, dit l'Empereur, voulez-vous me la vendre, je vous donnerai tout ce que vous voudrez, et pour que vous soyez plus sûr, je vous ferai conduire votre récompense jusqu'en votre pays. Sire, dit Huon de Bordeaux, je vous la donne de bon cœur, mais je désire que ce que m'a dit mon hôte soit vrai; il m'a dit que c'était la coutume que celui qui, aujourd'hui, pouvait le premier vous demander l'aumône, après que vous aviez fait votre prière, était sûr d'obtenir de vous telle grâce qu'il pût vous demander. Pélerin, lui répondit-il, cela est vrai, car quand vous me demanderiez un bourg ou une ville, en déplaise à qui voudrait, je vous l'accorderai, ainsi vous n'avez qu'à demander. Sire, répondit Huon, je vous remercie, et ne vous demande ni or ni argent pour la pierre précieuse que je vous ai donné. De plus, continua Huon, comme je sais que votre renommée est très-étendue, et que vous êtes un homme sage et ferme dans vos promesses, j'espère que vous voudrez bien tenir la promesse que je vous ai entendu me donner. Ami, dit l'Empereur, sachez que quand vous me demanderiez quatorze de mes meilleures villes, je vous les donnerais puisque je vous l'ai promis; à Dieu ne plaise que jamais il m'arrive de manquer à ma promesse, car j'aimerais mieux que l'on me coupât le poing que de rompre mes sermens; ainsi, vous pouvez être certain que ce que vous me demanderez, vous sera accordé. Huon la remercia et voulut lui baiser les pieds, mais l'Empereur le releva aussitôt. Sire, dit Huon : l'Empereur, premièrement, je vous demande pardon de toutes les peines que mes hommes et moi nous avons fait. Je vous prie, si vous avez dans vos prisons hommes ou femmes qui m'appartiennent en quelque chose, de vouloir bien me les rendre ainsi que ma ville, mes terres et seigneuries que vous avez en possession, Sire, je n'ai rien à vous demander de plus. Vous l'aurez, n'en doutez pas, lui répondit l'Empereur, dès-à-présent je vous l'accorde; mais je vous prie de me dire de quel pays et de quelle famille vous êtes, pour me demander une pareille grâce? Sire, je suis Huon, Duc de Bordeaux, contre qui vous gardez depuis long-tems une haine implacable, je viens d'outre mer, où j'ai souffert bien des peines et des malheurs; mais j'espère par la grâce de Notre-Seigneur, et si vous voulez tenir la parole que vous m'avez donnée, que j'aurai ma femme, mes gens et mes terres.

Quand l'Empereur entendit Huon de Bordeaux, il commença à changer de couleur, et fut très-long-tems sans rien dire. Enfin, il lui dit: Ah! Huon de Bordeaux, vous êtes donc celui qui m'a fait tant de peines et qui êtes la cause de la mort de mes neveux et de mes gens?. je ne puis m'imaginer que vous avez été assez hardi pour reparaître à mes yeux; vous m'avez certainement enchanté: j'aimerais mieux avoir perdu quatre de mes meilleures villes, ou que tout mon Royaume fut en flammes, ou que je fusse obligé d'en sortir, que de vous voir devant moi, mais puisque vous m'avez surpris, je tiendrai la promesse que je vous ai donnée. En l'honneur de la passion de Jésus-Christ, et en l'honneur de ce saint jour, je vous pardonne et ne veux plus avoir contre vous aucune rancune, je vous rends votre femme, vos terres et vos gens; que l'on en pense ce que l'on voudra, je ne m'en désisterai jamais. Huon se jeta aux genoux de l'Empereur, et le remercia en le priant de vouloir bien lui pardonner tous les maux qu'il lui avait causé. Huon, dit l'Empereur, que Dieu vous pardonne comme je vous pardonne; il prit Huon par la main pour le relever et l'embrassa en signe d'amitié et de paix. Que je suis heureux, dit Huon de Bordeaux après s'être relevé, d'avoir trouvé grâce, et de plus l'honneur de votre amitié, mais j'espère que Dieu vous en récompensera. L'Empereur Thierry dit ensuite à Huon de lui raconter toutes les aventures et les malheurs qu'il avait eu. Je vous les raconterai volontiers après que le service divin sera fait, et que la passion de Notre-Seigneur Jésus-Christ sera dite. L'Empereur dit à Huon, j'approuve votre raison, car elle est très-juste, alors il prit Huon par la main et le mena auprès de l'Autel, où ils entendirent la Messe. Les Barons et les Chevaliers qui assistaient à la Messe, furent bien surpris de ce que l'Empereur faisait tant d'honneur à un Pélerin. Après que le service divin fut fini, l'Empereur prit Huon par la main, et le conduisit à son palais, on prépara le dîner, et tous les Barons y assistèrent, et quand le dîner fut fini, l'Empereur et les Barons se placèrent autour de Huon, et il commença ainsi le récit de ses aventures.

Il commença par leur dire comme il avait passé au Gouffre de Judas, auquel il avait parlé; comme, poussé par le vent, il était arrivé au Château de l'Aymant; comme ses gens y moururent de faim; il leur parla de la beauté du Château, et des grandes richesses qu'il contenait; il raconta ensuite comme le Griffon l'avait emporté sur un rocher, où il tua le Griffon et ses petits, et avait rapporté une des pattes du grand Griffon, qu'il avoit laissée à Clugny; il parla ensuite de la fontaine et de l'arbre de Jouvence, sur lequel il avait cueilli trois pommes, il en aurait cueilli bien plus, mais un Ange lui avait défendu d'en cueillir davantage. Il continua son histoire, et dit comme il partit de cet endroit, passa le gouffre de Perse et risqua beaucoup d'y périr. Il adressa ensuite la parole à l'Empereur, et lui dit: Sire, quand je fus sorti du gouffre, j'ai ramassé des pierreries, du nombre desquelles est celle que je vous ai donnée, et qui a des propriétés admirables. J'arrivai après à la grande ville de Thauris en Perse, où je trouvai un très-noble Amiral qui était bien vieux; il m'a très-bien reçu, et je lui ai donné une de mes pommes à manger, mais aussitôt qu'il l'a eu mangée, il a paru aussi jeune comme il l'était à l'âge de trente ans, et je pense que d'ici à son Royaume, il serait difficile de trouver un Prince plus beau que lui; il avait pour lors près de cent vingt ans. Pour vous prouver, Sire, combien je désire d'être dans vos bonnes grâces, et affermir la paix avec vous, je vous donne cette pomme, qui est la seule qui me reste, dès que vous l'aurez mangée, vous reparaîtrez aussi jeune comme vous l'étiez à l'âge de trente ans. Quand l'Empereur entendit Huon qui lui disait, que s'il mangeait cette pomme, il reviendrait en sa première jeunesse, il fut plus content qu'il n'avait jamais été, et témoigna beaucoup d'amitié au Duc Huon de Bordeaux, lui promettant qu'il serait à son secours en toute occasion. Je vous fais présent, lui dit-il, de deux bonnes villes, pour augmenter vos seigneuries, et en outre je vous promets d'aller à votre secours avec soixante mille hommes bien armés, s'il se trouvait que vous en eussiez besoin, comme un père le ferait pour secourir son enfant. Huon remercia l'Empereur, et voulut embrasser ses genoux, mais l'Empereur ne voulut pas le souffrir, et il le releva avec bonté. Huon tira la pomme de sa malette, et la présenta à l'Empereur, qui fut bien satisfait, car il désirait déjà la tenir, pour savoir s'il rajeunirait. Il la mit dans sa bouche, et à mesure qu'il la mangeait, on le voyait rajeunir, et quand il l'eut mangée entièrement, sa barbe qui était longue et blanche, tomba, et fut changée en une barbe noire, telle qu'un homme peut l'avoir à l'âge de trente ans; son visage qui était ridé et décrépit, devint frais et vermeil. L'Empereur sentit bien tout le changement que faisait en lui cette pomme, car il s'aperçut qu'il était plus leste, et que ses forces étaient revenues comme s'il n'eut eu que trente ans, ce qui surprit beaucoup tous ceux qui étaient présens à cette métamorphose, et ils en furent tous bien satisfaits, car ils aimaient l'Empereur. Ils lui dirent: Sire, jamais Empereur ni Roi n'ont reçus une pareille faveur, ainsi, vous devez rendre à Dieu de grandes actions de grâces d'avoir le bonheur de faire la paix avec Huon.

Comme l'Empereur Thierry procura de très-grands divertissemens et d'honneurs à Huon de Bordeaux.

L'Empereur se voyant ainsi rajeuni, en eut une telle satisfaction, qu'il embrassa Huon plus de dix fois, en lui disant: Mon très-cher ami, oubliez, je vous prie, tous les maux et les chagrins que je vous ai causé, et que j'ai fait souffrir à Esclarmonde votre chère épouse, et à vos gens. Il appela ensuite deux de ses Barons, et leur dit: Seigneurs, je veux que tous les pauvres soient revêtus de neuf, qu'on leur fasse donner à boire et à manger pour l'honneur de Notre-Seigneur Jésus-Christ, qui m'a fait la grâce d'être rajeuni dans cet heureux jour. Sire, dirent les Barons, vos ordres seront ponctuellement exécutés, ils s'en allèrent, et firent ce que l'Empereur leur avait commandé. Huon approcha de l'Empereur, et lui dit: Très-cher Sire, je vous prie humblement de vouloir bien délivrer de vos prisons ma chère Esclarmonde et mes gens. L'Empereur lui répondit: Je vous l'ai promis, il est juste que j'accomplisse ma promesse; il fit aussitôt appeler le geolier, lui ordonna de conduire la Duchesse et les autres prisonniers dans la salle. Sire, dit le geolier, je suis à vos ordres, il alla aussitôt à la prison où était Esclarmonde, Huon de Bordeaux l'y accompagna, car il ne voulait pas le quitter. Quand ils y furent entrés, Huon s'écria: Ah! ma très-chère épouse, je pense que vous êtes bien mal ici, je crains bien que les peines et la misère que vous avez eu à supporter, ne vous aient trop altérés la santé, et abrégé votre vie: j'en mourerais de douleur. Quand la Duchesse Esclarmonde entendit que l'on parlait vers la porte, elle prêta attentivement l'oreille, elle ne savait que penser de la voix qu'elle avait entendue, mais un peu de tems après, il lui sembla reconnaitre la voix de Huon son mari, qu'elle avait entendue tant de fois; elle fut saisie d'une joie si prompte, qu'elle tomba dans une faiblesse extrême, et étant revenue à elle-même, elle s'écria, et dit: Ah! mon cher mari, que vous m'avez délaissée depuis long-tems dans la misère, en une prison affreuse, entre les mains des gens qui ne vous aiment guères; j'y ai souffert la faim, le froid et bien souvent les terreurs de la mort. Quand Huon eut entendu les plaintes de sa chère Esclarmonde, il en eut le cœur si serré, qu'il lui fut impossible de répondre;

l'image affreux de la situation de sa femme, lui fit verser un torrent de larmes. Le geolier lui-même, ému par ce spectacle attendrissant, ne put aussi retenir les siennes. Il descendit dans le cachot, et en retira Esclarmonde, qui, dès qu'elle fut vers Huon, ne put lui dire une seule parole, et Huon en fut de même; alors ils s'embrassèrent, et tombèrent presqu'aussitôt en faiblesse, et furent un très-long espace de tems, de manière que plusieurs Barons, nobles Chevaliers et Ecuyers y accoururent, et croyaient que Huon et Esclarmonde étaient morts. L'Empereur Thierry y vint aussi, et il se mit à pleurer, se répentant des maux qu'il avait fait souffrir à cette Dame, et bientôt après les Barons les relevèrent, et ils reprirent leurs sens; ils s'embrassèrent de nouveau, et Huon dit à Esclarmonde : ma tendre amie, pardonnez-moi si j'ai tant tardé à vous retirer des peines et des misères que vous endurez depuis si long-tems; j'ai souffert aussi bien des peines et encouru bien des dangers auxquels je suis échappé, grâces à Notre-Seigneur, qui ne m'a pas abandonné. Sire, lui répondit Esclarmonde, nous devons bien remercier Dieu de nous avoir fait la grâce de nous retrouver ensemble, et de ce que vous avez trouvé la paix devant l'Empereur. Le geolier alla ensuite aux prisons, et délivra tous les gens de Huon, et les emmena devant lui. On ne peut exprimer la grande joie qu'ils eurent quand ils virent leur bon Seigneur Huon sain et sauf; ils le saluèrent humblement, et lui dirent : Sire, que bénie soit l'heure où vous êtes arrivé pour nous délivrer des peines et des misères où nous étions. Mes chers amis, dit Huon, nous devons tous remercier Notre-Seigneur de ses bontés pour nous. Lors l'Empereur emmena Huon de Bordeaux et Esclarmonde dans son palais, où les couverts furent bientôt mis; l'Empereur, Huon et la Duchesse s'assirent à table, et les prisonniers qui venaient d'être délivrés, étaient très-bien servis, et la joie éclatait dans toute l'assemblée. Quand ils eurent tous dîné, et que les tables furent levées, l'Empereur fit appeler des femmes-de-chambre pour servir aux ajustemens et

à la parure de la Duchesse Esclarmonde, il ordonna que l'on préparât des chambres pour le Duc Huon de Bordeaux, son épouse et les prisonniers, jusqu'à ce qu'ils fussent refaits comme il faut. Ils ne manquaient de rien, l'Empereur leur fit donner des habillemens dignes de leur rang. On sut bientôt dans toute la ville que Huon avait la paix avec l'Empereur, qu'il lui avait rendu sa femme et ses gens. Bernard qui avait appris ces nouvelles, en fut bien joyeux, il vint au palais, où il trouva des gens qui lui enseignèrent bientôt la chambre où était le Duc Huon et la Duchesse Esclarmonde. Quand il fut entré dans la chambre, et qu'il vit la Duchesse, il versa des larmes de joie. Il fut bientôt reconnu par Huon. Esclarmonde lui dit : Bernard, je dois bien avoir pour vous des égards, de ce que vous vous êtes donné tant de peine pour chercher et ramener mon cher Huon. Madame, lui répondit Bernard, je n'ai fait que ce que je devais faire, et mon cher cousin Huon a eu bien des peines. Huon et Bernard conversèrent de leurs aventures. Les Barons et Chevaliers étaient très-satisfaits de leur entendre raconter leurs merveilleuses aventures. Après qu'ils eurent resté l'espace de huit jours, et que les prisonniers se furent un peu remis, l'Empereur dit à ses Barons qu'il avait volonté de conduire Huon et Esclarmonde jusqu'à Bordeaux, pour les remettre en possession de leurs terres et seigneuries, et que l'on assemblât dix mille hommes pour les conduire jusques-là, et le commandement de l'Empereur fut fait. Quand ils furent tous prêts, et que l'Empereur eut fait donner à Huon ce qui convenait à son rang, et à son état; ils montèrent tous à cheval, et la Duchesse fut portée dans une riche litière. Ils partirent de Mayence, et ne s'arrêtèrent qu'à une lieue de Clugny; l'Abbé qui ne savait pas que la paix était faite de Huon avec l'Empereur, avait fait assembler un corps composé de vingt mille hommes, qui étaient tous logés dans la ville de Clugny; étant averti de l'arrivée de l'Empereur, et n'ayant reçu aucunes nouvelles de Huon, il s'imagina que l'Empereur le détenait prisonnier, il sortit de la ville, et disposa ses gens en bataille dans la plaine, en attendant l'Empereur.

Comme l'Empereur étant arrivé auprès de Clugny, l'Abbé le fit attaquer par ses gens; comme la paix en fut faite, et comme l'Empereur conduisit Huon jusqu'à Bordeaux; du départ de l'Empereur, et comme Huon se prépara pour aller voir le Roi Oberon.

Quand l'Empereur aperçut la ville de Clugny, il demanda à Huon à qui elle appartenait. Sire, lui répondit Huon, elle appartient à un de mes oncles, qui est Abbé; nous y passerons, car il faut que je lui parle avant de m'en retourner à Bordeaux. L'Abbé qui était à cheval, vit venir de loin les gens de l'Empereur, il dit aux siens : Seigneurs, préparez-vous à bien combattre, car je vois venir notre cruel ennemi; il faut lui livrer bataille, car je vois bien qu'il a pris mon cher neveu Huon, mais par la foi que je dois à Saint Benoît mon Patron, je le lui ferai payer bien cher. Alors ils haussèrent les lances et partirent. Quand l'Empereur les vit venir, il dit à Huon, voici bien des gens armés qui viennent à nous, je ne sais ce qu'ils ont dessein de faire, mais à ce qu'il me paraît, ils ont l'air redoutable. Sire, dit Huon, c'est mon oncle l'Abbé de Clugny, qui a mis toutes ses troupes sur pied pour me secourir, car il ne sais pas que la paix est faite entre vous est moi, et il croit que vous m'avez détenu prisonnier. Cependant l'Abbé de Clugny s'avançait avec ses troupes, la lance à la main, il la passa au travers du corps du premier des Allemands qui se trouva à sa rencontre; il frappait ensuite à droite et à gauche sur tous ceux qu'il rencontrait. Sa lance s'étant rompue, il mit l'épée à la main, il détruisit beaucoup d'Allemands, ses gens les forcèrent à reculer, et en tuèrent une grande partie. L'Empereur courroucé, dit à Huon qu'il était blâmable de souffrir que l'on détruisît ainsi ses gens. Sire, dit Huon, je suis bien fâché de ce qu'ils en ont agi ainsi, et je suis prêt à vous en faire réparation en telle manière qu'il vous plaira. Huon piqua aussitôt son cheval, et vint vers son oncle,

à qui il dit qu'il agissait mal. Quand l'Abbé vit son cher neveu, il l'embrassa, et lui dit : Mon cher Huon, je croyais que l'Empereur vous détenait prisonnier pour vous faire mourir, et je ne savais pas que vous aviez fait votre paix avec lui. Il fit aussitôt cesser la bataille, et vint avec Huon auprès de l'Empereur. L'Abbé de Clugny salua l'Empereur, et lui dit : Je vous prie de me pardonner de ce que je vous ai ainsi attaqué, mais je ne savais pas que la paix était faite entre vous et lui. L'Empereur lui dit : Je vous pardonne de bon cœur pour l'amitié que je porte à Huon de Bordeaux. Ils firent la paix entr'eux; l'Abbé de Clugny reçut très-bien l'Empereur Thierry, il lui fit donner un logement dans son Abbaye; il vint ensuite vers la Duchesse Esclarmonde, et l'embrassa, en lui disant : Ma très-chère nièce, votre venue m'est très-agréable, je suis bien charmé de vous voir bien portante, et j'ai eu bien du chagrin d'apprendre que vous ayez eu tant de misères et de peines à supporter; mais puisque c'est la volonté de Dieu, nous devons l'en remercier, et louer son saint Nom. Cher oncle, lui dit la Duchesse, nous devons bien vous chérir et vous remercier de ce que vous avez bien voulu tenir lieu de père à ma chère fille Clairette, que je désirerais voir, tout en parlant, il conduisit la Duchesse dans la chambre, où elle trouva sa fille qui vint respectueusement lui faire la révérence; on peut s'imaginer avec quelle joie Esclarmonde revit sa fille; qu'elle était belle et bien élevée! Esclarmonde ne se lassait pas de l'embrasser, et elle lui dit : Ma chère fille, depuis que je vous ai quitté, j'ai enduré bien des misères; mais Dieu soit loué, votre père et moi nous avons la paix avec l'Empereur d'Allemagne.

Esclarmonde et Clairette vinrent dans la chambre qui leur était préparée, elles dînèrent ensemble en grande satisfaction, et tant que dura le repas, Esclarmonde ne put ôter ses regards de dessus sa fille, tant elle la trouvait belle. Après le dîner, les Chevaliers, Barons et jeunes Ecuyers vinrent rendre leurs civilités aux Dames, comme c'est l'usage. Comme ils étaient en conversation, le Duc Huon et son oncle entrèrent dans la chambre, et dirent à Esclarmonde d'amener sa fille Clairette devant l'Empereur, parce qu'il désirait bien la voir.

Esclarmonde qui ne désirait rien que d'obliger son mari, vint avec sa fille dans la salle où était l'Empereur; il les reçut avec beaucoup de plaisir, et prenant Clairette entre ses bras, il l'embrassa de tout son cœur, et lui dit:

Fille charmante, que j'ai du plaisir de vous voir, j'espère que le Ciel achevera son ouvrage, car il ne vous manque pas de beauté. Il dit ensuite à Huon, vous devez bien remercier Notre-Seigneur, de vous avoir donné un enfant aussi aimable, car je crois qu'il n'y a ni Dame, ni Demoiselle qui puisse la surpasser en beauté.

Que Dieu veuille bien couronner son ouvrage, dit Huon à l'Empereur, qui ne pouvait s'empêcher de regarder Clairette.

On peut voir par la suite de l'histoire, que l'Empereur fut bien reçu par l'Abbé de Clugny; car dès qu'il fut arrivé, il envoya dans tout le pays chercher des Dames pour lui tenir compagnie. Il y resta trois jours, pendant lequel tems il y eut bien des fêtes, et quand ce vint à son départ, on lui fit bien des présens. Huon, Esclarmonde et sa fille Clairette partirent de Clugny avec l'Abbé qui les conduisit à Bordeaux; car il les aimait tant, qu'il ne pouvait les quitter. Ils partirent donc pour Bordeaux, et Huon envoya Bernard devant pour annoncer son arrivée, et la paix faite entre l'Empereur et lui. Quand Bernard fut arrivé à Bordeaux, il fut reçu des habitans avec grande satisfaction, il fit assembler les principaux, et leur annonça la venue de l'Empereur Thierry, de Huon, de la Duchesse Esclarmonde et de leur fille Clairette. Ces nouvelles furent bientôt portées à la Blaye et à Gironville, et même dans tout le pays Bordelois. Les principaux habitans de ces lieux, vinrent le plus promptement qu'il leur fut possible à Bordeaux, pour recevoir leur Duc.

Quand ils furent arrivés, ils s'assemblèrent et se mirent en ordre pour aller au-devant de leur Seigneur Huon; ils se mirent en chemin au nombre de sept mille, et quand ils virent arriver l'Empereur, ils le saluèrent profondément. L'Empereur leur dit: Nobles et Bourgeois qui venez de me rendre hommage, je vous remets votre vrai Duc et Seigneur, comme il était auparavant, et je vous tiens quitte de tous droits. Ils remercièrent l'Empereur de la justice et du bon droit qui avaient régné pendant qu'ils avaient été sous sa domination. L'Empereur fut bien satisfait de ce qu'ils se louaient de lui en présence d'Huon; ils témoignèrent ensuite à Huon, à Esclarmonde et à Clairette leur fille, le plaisir qu'ils avaient de les revoir. Ils firent porter un dais sous lequel l'Empereur et Huon marchèrent jusqu'au Palais. Toutes les rues étaient tapissées et les fenêtres occupées par des Dames et Demoiselles qui chantaient mélodieusement, l'Empereur et Huon de Bordeaux, étaient charmés de les entendre; toute la ville retentissait des acclamations du peuple, qui ne pouvait autrement exprimer le plaisir qu'il avait de revoir le Duc Huon et sa chère Esclarmonde. Quand ils furent au Palais, ils montèrent dans les appartemens qu'on leur avait préparé. Il y eut des réjouissances pendant huit jours entiers, et pendant ce tems l'Empereur raconta aux Nobles, Barons du pays, la manière dont il avait fait la paix avec Huon, et comme il le remettait en possession de toutes ses terres, et les quittait de tous hommages envers lui; ils en furent tous bien contens. Le neuvième jour l'Empereur voulut partir, il appela Huon et lui dit: Mon cher ami, vous que j'estime et que j'aime de tout mon cœur, si quelquefois il vous survient une guerre, mandez-moi-le, et je vous secourerai moi-même à la tête de soixante mille hommes. Sire, dit Huon, je vous remercie, et veux être dorénavant votre serviteur et ami. L'Empereur vint vers Esclarmonde et Clairette sa fille, il les embrassa et leur fit ses adieux, il embrassa aussi les Dames et Demoiselles qui étaient au Palais, et leur fit de très-beaux présens. L'Empereur monta à cheval, et sortit de la ville. Huon et l'Abbé de Clugny le conduisirent jusqu'à deux lieues, puis s'en retournèrent à Bordeaux. Quand
ils

Ils furent revenus, le Duc Huon partit, et s'en alla à Gironville, de-là à Blayes, et dans toutes ses villes et châteaux, il fut reçu partout avec de vives acclamations de joie. Il établit et nomma dans tous les endroits des Prévôts, Baillifs et Officiers, il s'en retourna ensuite à Bordeaux auprès de la Duchesse sa femme et après avoir resté environ un mois, il dit à Esclarmonde en présence de son oncle et de Bernard, ma chère compagne, celui qui oublie les bienfaits qu'il a reçu, est un ingrat. Je dis cela parce que vous savez aussi bien que moi tous les bienfaits dont nous a comblé le Roi Oberon, et même encore dernièrement, quand il a envoyé ses deux Chevaliers pour vous délivrer de la mort. Vous savez aussi que lorsqu'il partit de Bordeaux, il me donna son Royaume de Féérie et toute sa puissance, il me fit promettre à son départ que, quand quatre ans seraient écoulés, je retournasse vers lui, et qu'il me remettrait en possession de son Royaume; il m'a juré qu'il me détruirait si je manquais de m'y trouver; vous savez tous les maux qui me sont arrivés pour avoir autrefois passé tous ses commandemens : ainsi, ma chère amie, il est nécessaire que j'y aille. Bernard restera avec vous et ma fille Clairette, que je recommande à mon oncle l'Abbé qui est ici : je lui laisserai tout mon bien et mes pierreries, afin que s'il se trouve un parti convenable, et que ce soit un homme distingué, il puisse la marier, car elle est de famille assez distinguée, pour trouver une noble alliance. L'Abbé lui dit, je suis bien fâché de votre départ; mais s'il plaît à Dieu, votre fille ne sera mariée qu'à un homme de qualité, et quand même vous n'auriez rien à lui donner, j'ai assez de bien pour lui procurer son mariage.

Comme Huon parlait avec la Duchesse de son départ, et comme elle aurait bien désiré aller avec lui; mais il la laissa avec son oncle, Bernard son cousin et sa fille Clairette.

LA Duchesse voyant que Huon parlait d'aller vers le Roi Oberon, elle fut bien fâchée, et dit à son mari : Mon cher ami, qu'à Dieu ne plaise que vous partiez sans moi; car si vous avez quelque malheur je veux les partager, de même si vous avez quelque bonheur. Je me suis tant ennuyée pendant votre absence. Ma chère épouse, lui dit Huon, je vous prie de vous déporter de cela, et de rester ici avec votre fille; car le voyage serait trop pénible pour vous. Je vous laisserai ici avec mon oncle l'Abbé de Clugny et Bernard, qui vous tiendront compagnie. Esclarmonde lui dit : Je ne pourrai rester ici sans vous, j'aime mieux encourir des dangers que de demeurer ici seule. Ainsi, telle excuse ou remontrance que Huon pu lui faire, il ne put l'engager à rester.

Huon lui dit : Ma chère amie, puisque vous voulez absolument venir avec moi, partager le bien et le mal que je pourrai avoir, j'y consens. Quand l'Abbé et Bernard virent la bonne volonté de Huon, ils en furent bien fâchés, ils tâchaient de détourner Esclarmonde de ce voyage, ils ne purent en venir à bout. Huon pria le bon Abbé de vouloir bien prendre soin de sa fille pendant son absence; il promit qu'il reviendrait le plutôt qu'il lui serait possible. Il faut nécessairement que j'aille prendre possession du Royaume que le Roi Oberon m'ordonne; je vous prie en conséquence, mon cher oncle et vous mon cher cousin Bernard, d'avoir soin de ma fille et de mes Seigneuries, je vous les confie; et à vous mon oncle, je vous laisse mes trésors et mes pierreries pour marier ma fille. Mon cher oncle, lui dit Huon, je vous prie d'envoyer au jeune Roi Louis, la patte du Griffon que j'ai apporté d'outre mer, vous voudrez bien le saluer de ma part. Sire dit le bon Abbé de Clugny, avant que Pâques soit venu, votre message sera accompli, il le fit effectivement dont le jeune Roi fut bien joyeux, et il la fit suspendre dans son Palais, elle fut depuis suspendue dans la Sainte Chapelle de Paris, où elle est encore.

Comme le Roi Oberon courronna Huon et Esclarmonde, et leur donna son Royaume et sa puissance en Féérie, et de la paix qui fut faite entre Huon et le Roi Artus.

Quand le Peuple, les Chevaliers et les Dames de Féérie eurent entendu le Roi Oberon, ils furent bien fâchés de ce qu'il avait dit qu'il allait les quitter, et ils lui dirent : Sire, puisque c'est votre volonté, nous sommes contens de recevoir pour Roi et Seigneur, Huon, et pour Reine, Esclarmonde son épouse. Le Roi Oberon voyant que ses Barons étaient contens de sa proposition, fit apporter deux couronnes, mit l'une sur la tête de Huon et l'autre sur celle d'Esclarmonde; il fit ensuite apporter son cor, sa nappe, son hanap et le bon haubert, et il donna tout à Huon de Bordeaux pour en disposer à sa volonté. Les Chevaliers et Dames de Féérie qui étaient dans le palais, en témoignèrent beaucoup de satisfaction. Huon se mit à une fenêtre et vit sur la montagne où il avait passé, beaucoup de tentes et d'étendarts, il demanda au Roi Oberon ce que ce pouvait être, il lui répondit: c'est le Roi Artus qui vient ici dans l'espérance d'avoir mon Royaume et ma dignité, mais il y vient trop tard, car vous avez tenu la promesse que vous m'aviez faite, et si vous ne fussiez pas venu, il aurait eu mon Royaume et toute ma puissance. Je sais qu'il sera bientôt ici pour me parler, et il sera certainement bien fâché de votre venue, mais je ferai tout mon possible pour que vous soyez en paix l'un avec l'autre, car il est juste qu'il vous obéisse. Peu de tems après le Roi Artus entra avec ses Chevaliers dans la ville de Montmur, ils vinrent au Palais, il avait avec lui sa sœur Morgue la Fée, et Transeline leur nièce; il vint saluer le Roi qui les reçut très-bien, et lui dit: Artus, soyez le bienvenu, ainsi que Morgue votre sœur et Transeline votre nièce; dites-moi, je vous prie, quel est ce bel enfant que je vois devant votre sœur? Sire, répondit Artus, il s'appelle Mervin, et, est fils à Oger le Danois, qui a épousé ma sœur que vous voyez, il est resté dans mon pays pour le

gouverner jusqu'à mon retour. Je suis bien charmé de votre arrivée; je vous avais mandé que quand il plairait à Dieu de m'appeler à lui, vous vinssiez prendre possession de mon Royaume et de mon pouvoir en Féérie, mais voici le Duc Huon et Esclarmonde son épouse auxquels je l'ai donné pour en jouir comme je faisais ci-devant, ainsi je vous prie de lui obéir comme au Roi souverain de toute Féérie, et d'entretenir avec lui une amitié toujours durable. Quand le Roi Artus entendit le Roi Oberon lui parler ainsi, il lui répondit fièrement : Sire, vous n'avez pas sans doute oublié que vous m'avez promis que vous me donneriez votre Royaume après votre mort, et je vois que vous l'avez donné au Duc Huon de Bordeaux. Ainsi qu'il s'en retourne dans sa ville où il a laissé sa fille Clairette, qu'il l'aille marier, il n'a pas besoin ici. J'aimerais mieux être exilé pour toujours de mon Royaume, que de lui rendre hommage, il n'aura jamais aucun droit sur moi, qu'il ne l'ait acquis à la pointe de l'épée. Quand Huon entendit Artus s'exprimer ainsi, il lui dit : Apprenez que vos menaces ne me font aucune impression, et que j'aurai sur vous l'autorité puisque c'est la volonté du Roi, ainsi vous pouvez vous en retourner dans votre pays. Le Roi Oberon voyant qu'il s'allait élever une très-grande guerre entre les deux Rois, dit qu'il voulait être Juge de leur différent; il dit à Artus, que s'il parlait davantage contre Huon le souverain Roi de toute la Féérie, qu'il le ferait pendant trente ans luiton en mer, mais que s'il voulait le croire, il s'accorderait avec Huon. Artus ne voulait lui rien répondre.

Morgue la Fée et Transeline se mirent à genoux devant le Roi et le prièrent très-humblement d'avoir pitié de son frère Artus et lui pardonner sa faute. Quand Morgue eut parlé, le Roi Artus se mit à genoux et dit : Sire, je vous prie de me pardonner si j'ai trop parlé contre votre volonté. Artus, lui dit le Roi Oberon, je vous pardonne, mais apprenez que ce n'est qu'en faveur de votre sœur qui m'a supplié de le faire, sans quoi je vous aurais fait voir jusqu'à quel point mon pouvoir s'étend dans la Féérie,

J'en fais dès-à-présent remise au Duc Huon de Bordeaux, qui est l'homme que j'aime davantage. Huon remercia très-honorablement le noble Roi Oberon.

Des ordonnances et règles que fit le Roi Oberon avant de mourir.

Le Roi Oberon ayant cédé son Royaume à Huon, il appela le Roi Artus et lui dit : comme je désire que vous viviez en paix avec Huon après ma mort, je vous donne le Royaume de Boulguant et celui que Sibille occupe de ma part, ainsi que toutes les Fééries des plaines de Tartarie, pour en faire à votre-volonté. Vous aurez autant de puissance dans ces lieux comme Huon dans mon Royaume, pourvu que vous lui rendiez hommage et que vous ayez la paix ensemble. Alors le Roi Artus, Morgue, Transeline et tous les Barons qui étaient là, remercièrent le Roi Oberon et trouvèrent qu'il avait fait un présent assez beau.

Le Roi Artus vint ensuite, en présence du Roi Oberon, rendre hommage et embrasser Huon de Bordeaux. Tout le Palais retentissait de la joie que l'on avait de voir ces deux Rois en paix et en bonne union, ce jour fut pour eux un jour de solemnité. Mais le Roi Oberon content d'avoir remis son Royaume en de bonnes mains, et sentant approcher sa dernière heure, car il savait quand il devait mourir, remercia Notre-Seigneur des grâces qu'il lui avait faites pendant sa vie, il appela Huon de Bordeaux, Artus, Gloriand et Malebron, et leur dit : Seigneurs, je vous ai prévenu que je n'ai plus guère à rester avec vous, et vous Huon, comme j'ai reconnu en vous beaucoup de sagesse et de prudence, je vous ai choisi pour vous remettre en possession de mon Royaume et l'administration de toutes les Fééries tant sur les luitons que sur les choses secrètes et inconnues aux autres hommes, joint à cela, vous aurez autant de pouvoir que j'en avais. Je vous recommande de fonder après ma mort une Abbaye dans cette prairie qui avoisine la ville, et je prétends que mon corps soit enterré dans l'église que l'on y bâtira, je vous recommande aussi de récompenser et de prendre à votre service tous les gens qui étaient au mien.

Quand le Roi Oberon eut fait toutes ses recommandations, Huon lui répondit : Grand Roi ! je suis bien reconnaissant des dons que vous m'avez fait et je ne manquerai pas, moyennant la grâce de Dieu, d'observer exactement tout ce que vous m'avez recommandé, j'espère que mon âme n'en sera point chargée au jour du Jugement. Les Seigneurs et Dames qui étaient présens ayant entendu les paroles du Roi Oberon, ils voyaient aussi que sa fin approchait, alors la consternation se répandit dans le Palais et dans toute la ville, on entendait partout des gémissemens. Le Roi Oberon était dans son lit et adressait ses prières à Dieu, il tenait Huon par la main et lui disait : Mon cher ami, priez pour moi, il fit le signe de la Croix et recommanda son âme à Dieu, et elle fut aussitôt emportée par les Anges que Jésus-Christ y avait envoyé, en s'envolant ils répandirent une grande clarté dans le Palais, on y ressentait une odeur si douce qu'il semblait que l'on fut en Paradis, ils furent bien certains que l'âme du Roi Oberon était sauvée. Quand Huon, Esclarmonde, Artus, Transeline, le Roi Caraheu, Gloriand, Malebron et tous les Chevaliers et Dames virent que le Roi Oberon était mort, ils versèrent un torrent de larmes. Huon fit ensuite bâtir une Abbaye et y fit enterrer le corps du Roi Oberon comme il lui avait recommandé. Après la cérémonie des funérailles, ils retournèrent au Palais et l'on prépara les tables, il y avait trois Rois et deux Reines d'une rare beauté, savoir : le Roi Huon qui était au haut de la table, ensuite le Roi Artus, le Roi Caraheu et les deux Reines, ensuite les autres Dames allèrent dans leur chambre et ils furent tous magnifiquement servis. Après le repas, les autres Rois prirent congé du Roi Huon et de la Reine Esclarmonde, et retournèrent dans leur Royaume, excepté Morgue et Transeline qui restèrent quelque tems avec Esclarmonde, avec laquelle elles s'amusèrent beaucoup. Nous ne parlerons plus du Roi Huon et Esclarmonde qui resteront dans le Royaume de Féérie jusqu'au jour du Jugement, et nous parlerons de la belle Clairette qui était à Bordeaux.

Comme le Roi d'Hongrie, le Roi d'Angleterre et Florent fils du Roi d'Arrangon, demandèrent la belle Clairette en mariage, comme elle fut trahie par Brohars, comme Bernard fut noyé et des maux que le traître Brohars fit souffrir à Clairette, dont elle mourut.

Vous avez vu ci-devant comme le Roi Huon et la Reine Esclarmonde, au départ qu'ils firent de Bordeaux, recommandèrent leur fille Clairette à la garde du bon Abbé de Clugny, elle augmenta en beauté, de manière qu'à l'âge de quinze ans elle était recherchée en mariage par des Rois et Princes, son oncle et Bernard étaient très-embarrassés de répondre à tous ceux qui venaient lui faire la cour. Le premier fut le Roi d'Angleterre, et le second fut le Roi d'Hongrie, et enfin le troisième était Florent, fils du Roi d'Arrangon; mais le Roi d'Hongrie sur-tout la voulait avoir. L'Abbé répondit à ces ambassadeurs qu'il ne pouvait leur donner aucune parole qu'il n'eut l'aveu du Duc Huon de Bordeaux son Père, mais que s'il ne retournait à la Saint-Jean, on fixerait un jour pour traiter dudit mariage dans la ville de Blayes, ce qui satisfit beaucoup le Roi d'Hongrie. Le lendemain matin l'Abbé de Clugny se mit en chemin pour aller à Blayes, où il se trouverait avec les Rois d'Angleterre, d'Hongrie et Florent, fils du Roi d'Arrengon; il laissa la belle Clairette à la garde de Bernard son cousin, qui l'aimait beaucoup. Le bon Abbé étant arrivé à Blayes, fit tendre des tapisseries par toutes les rues de la ville, pour recevoir les Rois qui devaient y arriver, effectivement, ils arrivèrent le lendemain tous trois en ordre. Le premier qui entra dans la ville fut le Roi d'Angleterre, qui à peine fut descendu de cheval, qu'il remonta pour aller chasser dans les Landes où il trouva quantité de cerfs et de biches. Le Roi d'Hongrie entra ensuite dans la ville en pompeux équipage et vint au Palais où l'Abbé le reçut en grande joie, le Roi Florent vint après aussi en grande pompe, l'Abbé les salua avec beaucoup de politesse et leur dit, que tout ce qu'il y avait dans la ville était à leur service, et ils lui en firent leurs remercîmens.

Il y avait dans cette ville, un traître qui était de Bordeaux, il avait entendu toutes les conclusions que l'on avait prises, et comme l'Abbé de Clugny était convenu avec les trois Rois qu'il leur ferait voir Clairette, et que celui qui lui plairait le plus, l'aurait en mariage. Le traître conclut dès l'instant de leur enlever Clairette; il partit de Blayes pour exécuter son malheureux dessein, il monta sur un petit vaisseau et partit pour Bordeaux. Il y fut à peine arrivé, qu'il monta au Palais affectant un air embarrassé, il salua Bernard et la belle Clairette; Bernard lui dit, je pense que tout va bien, car vous avez un air de gaieté qui nous annonce de bonnes nouvelles, dites-nous, s'il vous plaît, comment se porte l'Abbé de Clugny et comme il a reçu les Rois qui sont venus à Blayes?

Bernard, dit le traître, sachez que l'on n'a jamais vu tant de noblesse rassemblée dans la ville de Blayes, que l'on en voit aujourd'hui, et enfin que l'on puisse terminer incessamment, le bon Abbé de Clugny, oncle de Mademoiselle Clairette, m'a chargé de vous dire qu'aussitôt que la nuit sera venue, vous fassiez déguiser en homme Mademoiselle Clairette, et nous partirons pour la conduire auprès de lui, quand il sera environ midi, vous ordonnerez à ses femmes-de-chambre de partir et apporter avec elles tous ses ajustemens les plus riches et les plus beaux pour la parer comme il convient, elle en mettra seulement un dans le vaisseau sur lequel nous partirons, en attendant que l'on lui apporte les autres; le sujet pour lequel il m'a chargé de vous dire de la conduire auprès de lui, c'est afin qu'elle choisisse lequel des Rois elle aimera mieux avoir pour mari, elle pourra sans être apperçue, les voir et choisir celui qui lui plaira davantage. Bernard crut que le traître Brohars disait la vérité, hélas! pourquoi ajoutait-il foi à ses paroles? Il n'y avait pas dans l'univers d'homme plus pervers et plus fourbe que lui, car sa famille n'était composée que de traitres, et Bernard le croyait d'autant plus qu'il savait qu'il avait été auprès de l'Abbé de Clugny. Bernard dit alors à Clairette de préparer tout ce qui lui était nécessaire pour partir. Dès que la nuit sera venue, vous vous déguiserez comme Brohars vous l'a recommandé, afin que vous ne soyez vue de personne jusqu'à ce que nous soyons arrivés à Blayes auprès de votre oncle. Puisque cela fait plaisir à mon oncle et à vous, il est juste que je le fasse, répondit poliment Clairette. Elle monta aussitôt dans sa chambre où elle se fit habiller par ses femmes qui ne purent s'empêcher de rire de la voir déguisée en homme. Le traitre Brohars fit tant qu'il trouva un vaisseau qu'il fit amener vers la poterne du Palais; il mit dedans une pierre assez pesante à laquelle il attacha une grosse corde, il dit ensuite à Bernard qu'il était tems de partir s'ils voulaient arriver à Blayes avant qu'il fut minuit. Bernard vint auprès de Clairette et il la trouva prête à partir, il lui dit en badinant qu'elle avait l'air d'un grand Ecuyer. Bernard s'arma de son épée et se disposa à partir. Brohars passa le premier et Bernard tenant Clairette par le bras, sortit avec elle par la poterne, sans que personne les eut aperçut. Quand ils furent au bord de la mer, Brohars entra dans le vaisseau et prit Clairette par la main pour l'aider à y entrer et la fit placer à un bout, Bernard y entra après; Brohars prit alors la pierre et la laissant couler dans l'eau, il retint la corde à laquelle elle était attachée, il dit à Bernard qu'il faisait cela, afin que leur vaisseau ne fut emporté par le courant de l'eau; un peu de tems après, il dit à Bernard de tenir la corde et qu'ils la retireraient quand il en serait tems. Bernard qui ne se méfiait nullement, fit comme le traitre lui avait recommandé, Brohars prit un aviron et ils se trouvèrent bientôt éloigné du palais.

Comme le traître Brohars noya Bernard, de leurs aventures, et comme il périt.

BROHARS voyant qu'ils étaient éloignés de la ville et que la nuit était fort obscure, vint auprès de Bernard et lui dit de tirer la pierre hors de l'eau, ce que voulant faire, il se baissa, mais le traitre le prit par la jambe et le fit tomber dans l'eau; ainsi périt malheureusement celui qui était au nombre des meilleurs Chevaliers de son tems. Quand Clairette vit que le traitre avait noyé Bernard, elle jeta un grand cri et se jeta sur Brohars et le tira par les cheveux, le traitre se sentant ainsi traité, se retourna et jeta brutalement Clairette toute étendue dans le vaisseau et la battit indignement, en lui disant, que ses cris et ses larmes ne lui serviraient de rien, et que malgré elle, il en voulait faire à sa volonté. Clairette épouvantée par les menaces de ce traitre tremblait de tous ses membres, elle se recommanda à Notre-Seigneur Jésus-Christ et à la Vierge sa mère, les priant de la délivrer de ce misérable qui ne cherchait qu'à la déshonorer. Le traitre Brohars revint auprès de Clairette et lui dit, qu'elle ferait mieux de se rendre à lui de bon gré que de force, que si elle persistait à ne pas vouloir se rendre, il la jeterait dans la Gironde. O traître, lui dit-elle, tu ne jouiras jamais de moi. Alors ce meurtrier la frappa tant qu'il la laissa pour morte dans le vaisseau, voyant qu'il ne pouvait lui rien faire pour le moment, il était si fatigué qu'il s'endormit, le vaisseau allait au gré de l'eau; il était déjà grand jour, ils commençaient à sortir de la rivière de Gironde; Clairette qui était toute éplorée voyant que le traitre dormait, prit un pain qu'il avait à ses côtés et pressée par la faim, elle le mangea sans en rien laisser. Elle adressa ensuite ses prières à Dieu pour qu'il lui fit la grâce de garder sa virginité contre le tyran qui l'avait trahie. Le vaisseau entra dans la mer, le vent était fort et ils n'avaient point de voiles, mais il survint un vent qui prit le vaisseau en flanc et le força d'aborder auprès d'une île. Brohars se réveilla et fut bien aise de voir la terre ferme, car il reconnut le pays, il dit à Clairette, tu vois bien maintenant que tu ne peut résister à ma volonté, car il n'y a personne ici pour te secourir, et ta défense est de bien peu de valeur, nous sommes d'ailleurs dans une île déserte et qui est environnée de la mer, je pense que nous ne pourrons jamais en sortir, ainsi ne crains rien, je ne te ferai aucun mal pour le moment. Le malheureux dépité de se voir dans cette île, commença à jurer Dieu et sa mère et le jour de sa naissance, car il vit bien qu'il fallait mourir de faim dans ce désert, car leur vaisseau n'était pas propre à mettre en mer, et ils seraient infailliblement péris, s'ils se fussent embarqués, il était si accablé par ces tristes réflexions, que Dieu permit qu'il n'eut plus envie de rien faire à Clairette, car Dieu ne voulait pas qu'elle fut déshonorée. Quand Clairette se vit près du rivage, elle sortit du vaisseau et monta sur le rocher. Que Dieu la veuille préserver de tous dangers dans ce lieu désert. Il y avait dans cet endroit six écumeurs de mer qui épiaient les Marchands qui entraient ou sortaient de la Gironde, ils avaient une petite galliote à six rames, qu'ils avaient placée dans un recoin et couverte de feuillages, Brohars voyant que Clairette se sauvait de toutes ses forces lui cria : Belle, votre fuite ne peut vous servir de rien, car que ce soit de gré ou de force, je ferai cette nuit ma volonté avec vous. Quand les six pirates qui étaient dans l'île entendirent les paroles de Brohars qui criait après la Demoiselle, ils furent bien surpris et craignirent que ce ne fut quelqu'un qui les épiât. Clairette qui courait sur la montagne, leur cria le plus haut qu'elle put · Seigneurs, qui êtes ici, je vous prie de prendre pitié de moi et de me secourir contre les brutalités de ce meurtrier, qui la nuit dernière m'a ravie et enlevée de la Ville de Bordeaux, et je suis fille du noble Duc Huon. Quand les pirates entendirent la Demoiselle, ils s'imaginèrent que c'était une feinte pour les surprendre, mais dès qu'ils aperçurent Brohars qui courait à toutes forces, le maître de la bande vint au-devant de Brohars et lui dit : comment avez-vous eu assez de hardiesse pour venir ici? nous voyons bien que vous n'êtes venu ici que pour nous épier, mais vous ne nous accuserez jamais. Il tira alors son couteau et lui dit qu'il allait lui

faire perdre la vie. Quand Brohars vit les six pirates, il se prépara à se défendre et tira son épée dont il donna un coup si terrible au chef de la bande, qu'il le partagea. Les cinq pirates voyant que leur chef venait d'être tué par Brohars, en furent si indignés qu'ils se jetèrent sur lui comme des forcenés, mais Brohars se défendit si courageusement, qu'il en abattit quatre auparavant que d'avoir aucun mal. Pendant qu'ils se battaient, la belle Clairette qui était dans la place où étaient auparavant les pirates, trouva une table sur laquelle il y avait de quoi boire et manger. Quand elle vit cela, elle remercia Dieu et but et mangea autant qu'elle en avait besoin. Elle vit que les pirates avaient déjà jeté Brohars par terre, ce qui la rendit bien contente, mais elle ne savait pas avec quels gens elle venait de se trouver. Quand les pirates eurent renversé par terre le traître et cruel Brohars, ils lui demandèrent la raison pourquoi il avait emmené cette Demoiselle; il leur raconta tout au long qui elle était et comment il l'avait ravie pour la déshonorer, dans l'intention de se marier avec elle dans un pays étranger. Quand les pirates eurent entendu ce que Brohars leur avait conté, ils lui dirent : Méchant homme, il n'y a point de tourmens au monde que vous ne méritiez, ce sera nous qui vous les feront souffrir. Ils le prirent, le lièrent et le pendirent par les pieds à un arbre, ils allumèrent ensuite un grand feu sous sa tête et lui firent subir une cruelle mort; ainsi le traître Brohars finit malheureusement le cours d'une vie remplie d'horreurs. Les deux pirates qui restaient, vinrent au lieu où était la noble Demoiselle, il lui demandèrent de quelle condition elle était, elle leur répondit qu'elle se nommait Clairette, elle leur raconta ensuite la manière indigne dont s'était servie le perfide Brohars pour l'enlever de son pays et la déshonorer. Après qu'elle leur eut raconté son histoire, ils lui ôtèrent sa robe et lui en donnèrent une plus belle, quand ils la virent ainsi ajustée, ils la trouvèrent charmante et ne purent s'empêcher de lui faire compliment sur sa grande beauté, car ils ne croyaient pas que l'on en put trouver de plus belle dans tout l'univers: sa beauté reparaissait parce qu'elle était délivrée du cruel Brohars. Quand l'un des pirates la vit si belle, il dit à son camarade que la nuit prochaine il jouirait à sa volonté de la belle Demoiselle, l'autre lui répondit qu'il ne le souffrirait pas et que c'était lui qui le premier avait abattu le traître Brohars. Quand le pirate entendit son camarade, il tira son couteau, s'approcha de lui et le lui enfonça dans le corps jusqu'au manche, et quand il se sentit blessé, il vint comme un enragé contre son adversaire l'épée à la main, dont il en asséna un si grand coup qu'il l'abattit mort; il tomba mort presqu'en même tems que l'autre, ainsi la pauvre Clairette se trouva seule dans cette île auprès des pirates qui étaient couchés sur la poussière. Se voyant ainsi seule et abandonnée, et ne sachant à qui avoir recours dans cette île déserte, elle se mit à pleurer amèrement et à former des regrets en disant: Grand Dieu! je vous prie d'avoir pitié de ma situation et de me faire la grâce qu'en tel endroit que je me trouve je puisse garder ma virginité, faites-moi aussi la grâce de pouvoir sortir de cet horrible lieu. Je parlerai dans le chapitre suivant des Rois et des Princes qui étaient à Blayes et qui attendaient la venue de la belle Clairette.

Il est parlé dans ce chapitre du deuil que l'Abbé de Clugny et les Princes de la ville de Bordeaux menaient à l'occasion du ravissement de la belle Clairette et qui fut encore augmenté quand ils virent six hommes qui portaient Bernard étendu mort, et de la punition qui fut faite sur la famille du traître Brohars qui avait noyé le vaillant et prud'homme Bernard.

QUAND les Rois et les Princes furent arrivés à Blayes, et qu'ils eurent parlé au bon Abbé, ils conclurent avec lui que l'on fît venir la Demoiselle Clairette et que celui qui lui plairait davantage, serait son mari, ils y consentirent d'autant mieux que chacun d'eux se croyait plus beau que l'autre et à la vérité on ne pouvait guère trouver de plus

beaux Princes qu'eux, mais principalement Florent, fils du Roi d'Arrangon, l'emportait sur tous les autres, comme ils étaient à délibérer pour envoyer chercher la belle Clairette à Bordeaux, ils virent arriver des Chevaliers, Ecuyers, Dames et Demoiselles qui étaient venus, croyant trouver Clairette, elles lui apportaient toutes ses robes pour la parer comme Brohars leur avait recommandé. Quand ils furent arrivés ils vinrent droit au Palais. L'Abbé de Clugny qui était à la porte du Palais, voyant arriver les Dames et Demoiselles, il crut que c'était sa belle nièce Clairette, descendit précipitamment les degrés et vint au-devant d'eux. Il leur demanda où était sa nièce Clairette? Sire, lui répondirent les Chevaliers, nous croyons la trouver auprès de vous, car elle est partie très-tard hier au soir de la ville de Bordeaux, pour venir vous trouver et c'est Brohars qui l'est venu chercher et qui l'a emmenée avec Bernard, il nous a recommandé de nous trouver à cette heure dans ce Palais; ils racontèrent ensuite au bon Abbé la manière dont Brohars s'était servie pour emmener la belle Clairette. Quand le bon Abbé de Clugny les eut entendu, il tomba en faiblesse, de manière que tous ceux qui étaient présens, le crurent mort, il jeta aussitôt un grand cri et dit: O ma très-chère nièce, que je suis malheureux de vous avoir perdue! Plût à Notre-Seigneur Jésus-Christ que je fusse mort et enterré, car je ne pourrai jamais survivre à une perte aussi considérable. O traître et malheureux Brohars! jamais ta famille ne fit aucun bien. O mon cher Bernard! qu'est devenu votre courage et toute la prudence dont je vous croyais capable? Je ne pourrai jamais m'imaginer que vous soyez complice d'une aussi noire et aussi méchante action. Cette triste nouvelle fut bientôt répandue dans toute la ville de Blayes; dès qu'elle fut parvenue aux Rois et aux Princes, ils vinrent au Palais en grande hâte, où ils trouvèrent le bon Abbé de Clugny tout en larmes; ils l'auraient fait mourir, s'ils ne lui avaient pas connu autant de probité et de prudence comme il y en avait en lui, c'est pour cette raison qu'ils ne lui firent aucun mal. Ils montèrent tous à cheval et partirent pour Bordeaux où ils trouvèrent les Bourgeois et Bourgeoises, et le menu peuple en cris et en larmes, regrettant le Duc Huon, la Duchesse Esclarmonde et leur fille Clairette qui était perdue et trahie par Brohars qui l'avait enlevée pour en jouir. Quand l'Abbé de Clugny et tous les Princes furent entrés dans la ville, ils ne purent s'empêcher de répandre des pleurs et pour comble de douleur, ils virent venir six hommes qui apportaient le corps de Bernard qu'ils avaient trouvé noyé dans la rivière de Gironde; à ce triste appareil, les cris et les gémissemens redoublèrent. La perte de Bernard fut d'autant plus sensible, qu'ils l'avaient beaucoup aimé et ce serait un récit trop triste que de raconter le deuil que firent l'Abbé de Clugny, les Princes et le peuple de Bordeaux. Les Rois et les Princes qui étaient avec l'Abbé prirent connaissance de la famille du perfide Brohars et du fond de sa trahison dont ils étaient déjà informés. Ils firent faire dans toute la ville de Bordeaux, une recherche exacte de tous ceux qu'on connaissait être de la famille de Brohars et on en trouva soixante-dix, tant hommes que femmes et enfans, qui furent tous noyés dans la rivière de Gironde, afin qu'une famille aussi abominable fut entièrement éteinte et qu'il n'en fut plus mémoire. Quand on eut exécuté toutes ces choses, les Rois et les Princes partirent de la noble ville de Bordeaux et s'en retournèrent dans leur pays bien fâchés de n'avoir pu seulement voir la belle Clairette. L'Abbé de Clugny resta à Bordeaux et fit enterrer honorablement le corps de Bernard qui fut universellement regretté.

Comme la belle Clairette vint seule sur le bord de la mer, où le Roi de Grenade vint aborder dans un grand vaisseau, emmena la belle Clairette avec lui; comme le vent les fit arriver près de Courtouse, et Clairette fut sauvée; et tous les Sarrasins furent tués par Pierre d'Arrangon, qui emmena la Demoiselle à Tar-ragone: et des amours de Florent et de Clairette.

APRÈS que tous les Barons se furent entretués, et que Brohars fut mort, la belle Clairette demeura seule et égarée sur la montagne, et n'avait pour toute compagnie que les hommes qui s'étaient tués, elle commença à pleurer, en disant: Grand Dieu! pourquoi donc suis-je née? Hélas! quelle destinée et quel malheur j'ai dans ce monde; il vaudrait mieux pour moi que je fusse morte, car je vois bien que je ne sortirai jamais d'ici, je ne sais que devenir, ni où je pourrai me retirer. Après qu'elle eut fait tous ses regrets, elle se mit à descendre la montagne, et vint auprès du vaisseau d'où elle était partie.

Quand elle fut arrivée vers le rivage de la mer, elle vit un gros vaisseau qui venait de rafraîchir et couper du bois. Quand elle eut vu venir le vaisseau au port où elle était, elle fut bien contente, elle remercia Notre-Seigneur Jésus-Christ, elle crut d'abord que c'était des Chrétiens; mais ils étaient Sarrasins; il y avait avec eux un Roi qui était leur maître, il était Roi de Grenade, et s'en retournait dans son pays; mais il fut contraint d'y revenir par ce lieu, tant il avait eu d'infortunes sur mer. Quand ils furent arrivés dans le port, ils jetèrent l'ancre, descendirent à terre, et virent la malheureuse Clairette qui était seule sur le rivage. Le Roi, qui, le premier, était descendu à terre, lui demanda qui elle était, et de quel pays? Sire, lui dit Clairette, puisque vous voulez savoir mon état et qui je suis, je vous le dirai. Alors Clairette lui raconta devant tous ceux qui étaient là, qu'elle était fille du Duc Huon de Bordeaux, puis elle leur raconta mot pour mot toute l'aventure qui lui était arrivée. Quand le Roi Sarrasin entendit Clairette, il en fut bien réjoui, et lui dit: belle Demoiselle, vous êtes bienheureuse de m'avoir trouvé, je n'ai point encore de femme, vous serez la mienne, quoique vous puissiez dire; mais il faut auparavant que vous reniez votre loi, et que vous croyez à la loi de Mahomet à laquelle je crois. Quand Clairette entendit le Roi

Payen

Payen, elle lui dit : Sire, à Dieu ne plaise que j'abandonne la loi de Jésus-Christ pour croire à celle de Mahomet, je me laisserais plutôt traîner à quatre chevaux, que d'être la femme d'un homme comme vous. Quand le Roi entendit Clairette qui le méprisait tant, il leva la main et lui appliqua un soufflet d'une si terrible force, qu'il la jetta toute étendue à ses pieds, et lui fit sortir le sang par la bouche et par le nez ; ses gens le blamèrent beaucoup de cette action, il leur répondit : Comment donc, n'avez-vous pas entendu comme elle a blasphémé contre notre loi, elle m'a méprisé comme si j'étais un valet ; il était tellement irrité contre Clairette, qu'il ordonna à ses gens de la prendre et la jeter dans la mer.

Les Sarrasins vinrent vers Clairette, ils la prirent rudement et l'emmenèrent malgré elle dans leur vaisseau. Ils la cachèrent aux yeux du Roi ; ils levèrent l'ancre, firent voile et partirent ; le vent qui était favorable les éloigna bientôt de la terre, et ils voguèrent avec beaucoup de vitesse. Comme le Roi se promenait dans le vaisseau, il fut très-surpris d'y voir Clairette, qu'il croyait que ses gens avait noyée, il la considéra et la trouva si belle, qu'il ne pouvait s'imaginer qu'il y eut de plus belle au monde. Il désirait beaucoup la posséder, et lui dit : Belle fille, puisque je vous tiens dans mon vaisseau, vos plaintes et vos larmes ne pourront vous sauver en aucune manière, car je coucherai cette nuit avec vous. Quand Clairette eut entendu l'indigne proposition que venait de faire ce Roi Sarrasin, elle se mit à prier Dieu de lui faire la grace qu'elle put conserver sa virginité, et de la délivrer des mains des Sarrasins ; elle se mit ensuite à genoux devant ce Roi cruel, le pria d'avoir pitié d'elle, et qu'elle ferait à sa volonté, mais à condition qu'il la reconduirait dans sa patrie. Belle, lui dit le Roi, de bonne volonté ou non, je ne vous quitte point que je n'aye couché une nuit avec vous. Clairette voyant que le Roi ne voulait pas se désister, se prit à pleurer amèrement, et pria la Vierge Marie de vouloir bien la secourir en cette cruelle perplexité où elle se voyait réduite à perdre ou l'honneur ou la vie. Alors il s'éleva un vent considérable qui causa une tempête si affreuse, que de très-calme que la mer était, elle commença à grossir et à s'enfler avec tant de furie, que les vagues élevaient leur vaisseau jusqu'aux nues, et le précipitaient ensuite dans les abîmes les plus profonds, de manière qu'ils furent obligés d'abandonner leur vaisseau à la fureur des vents. Ils furent tous saisis d'une terreur si grande, qu'ils tremblaient tous pour leur vie. La force des vents mit leurs voiles en pièces ; peu s'en fallut que le vaisseau ne périt. Ils imploraient Mahomet, et le priaient de vouloir bien les secourir en ce moment où ils se voyaient si près de leur perte. Le Roi était si consterné, qu'il n'avait pas envie de parler de son indigne amour à Clairette. L'infortunée Demoiselle était dans des transes mortelles durant la tempête, qui les bouleversa pendant toute la nuit. Le vent poussa tellement leur vaisseau, qu'ils passèrent bien loin de Valence, et que le lendemain au matin, ils se trouvèrent auprès de la ville de Courtouse ; dès qu'ils aperçurent la ville, ils reconnurent qu'elle était Chrétienne, et ils ne virent aucun moyen de pouvoir s'en éloigner, mais ils préférèrent le hasard d'être esclaves, à celui d'être ensevelis dans les flots. Comme ils arrivaient, il y avait au port un noble Chevalier que l'on nommait Messire Pierre d'Arragon ; il vit venir de loin le vaisseau et pensa bien que si on ne lui portait du secours, il périrait infailliblement, tant il était en mauvais équipage, et qu'il pourait échouer contre le rocher, ce qui causerait une perte considérable tant de gens que de marchandises. Il s'écria à haute voix que chacun allât sur les galères pour secourir le vaisseau. Les matelots montèrent sur les galères pour aller au secours du vaisseau. Quand les Sarrasins virent les galères, ils eurent grande peur d'être tués ; il y vint deux Payens qui voulurent prendre Clairette pour la jeter dans la mer, mais elle se retint de toute sa force au mât du vaisseau, et ils ne purent venir à bout de l'en arracher ; cependant les Arragonois qui étaient sur le galère, commencèrent à approcher le vaisseau, et jetèrent les crochets pour le rejoindre.

La pauvre Clairette qui était dans le vaisseau avait grande peur; mais elle fut bien joyeuse quand elle reconnut que ceux qui venaient attaquer le vaisseau, étaient tous chrétiens. Les Arrangonois se lancèrent aux cordages, et entrèrent dans le vaisseau. Quand Pierre d'Arrangon et ses gens y furent entrés, ils virent Clairette qui était toute en larmes, ils demandèrent aux Sarrasins, où avez-vous pris cette noble Princesse que nous avons vue, que vous vouliez jeter dans la mer il n'y a qu'un instant, si nous ne fussions pas venus à son secours? Il y en eut un qui répondit : Sire, nous sommes de Grenade, nous avons été poussés à ce port par la tempête, et nous sommes tous prêts de devenir vos esclaves, ou de payer la rançon que vous nous demanderez. Payens, lui dit Pierre d'Arrangon, tout l'or de l'Univers ne pourrait vous garantir de la mort. Il commanda alors à ses gens d'exterminer les Sarrasins sans en excepter un seul. Ses ordres furent bientôt exécutés, et ils mirent en pièces les Sarrasins, néanmoins ils en exceptèrent le Roi, à qui Pierre demanda pourquoi et à quel sujet ils voulaient noyer cette noble Demoiselle et en quel endroit ils l'avaient trouvée. Sire, dit le Roi, nous ne la connaissons pas, et ne savons pas qui elle est; nous l'avons trouvée seule et abandonnée dans une île; la voyant si belle, je désirais beaucoup en jouir, je la fis mettre dans mon vaisseau, et je pensais faire ma volonté avec elle; mais elle n'a jamais voulu le souffrir, et je l'avais prise en haine. Vassal, lui dit Pierre d'Arrangon, vous allez périr avec vos gens, si vous ne voulez pas croire en Jésus-Christ et à la Vierge Marie, et renoncer à la loi de Mahomet, dans laquelle vous êtes né. Sire, dit le Payen, j'aimerais mieux être écorché vif, que d'abandonner ma loi pour croire à celle de Jésus-Christ. Quand Pierre d'Arrangon l'entendit, il lui donna sur la tête un coup si terrible avec son épée, qu'il l'étendit mort au nombre des autres Payens, dont Clairette fut bien aise, car elle se vit délivrée du plus

barbare des hommes. Pierre d'Arrangon s'approcha d'elle, et lui demanda qui elle était et où les Payens l'avaient trouvée. Sire, dit la pucelle, je suis née en France dans une ville appelée Nantes, située en Bretagne. Mon Père qui était de Lisbonne désira d'aller voir ses amis; il s'embarqua avec deux de mes frères et moi et plusieurs autres marchands. Nous pensions entrer dans le port de Lisbonne, mais il s'éleva un vent si terrible, que nous fûmes obligés d'abandonner notre vaisseau à la garde de Dieu et au gré de la tempête; nous passâmes par des détroits, et vinmes échouer contre un rocher, où notre vaisseau se brisa en pièces, et tous ceux qui composaient l'équipage furent noyés, excepté moi, à qui Dieu fit la grâce de me sauver sur un grand ballot de laine, sur lequel je m'étais mise, et les flots me jetèrent sur le rivage, dont je dois bien remercier Notre-Seigneur Jésus-Christ; et je vis bientôt arriver ce Roi qui était sur ce vaisseau avec ses gens, qu'une tempête avait conduit pareillement au lieu où j'étais; ils me prirent et m'emportèrent sur leur vaisseau. Le Roi qui en était le maître s'efforça de m'avoir pour me déshonorer; mais il survint une si grand tempête, qu'ils furent obligés d'arriver au port où vous les avez pris et mis à mort. Belle, lui dit Pierre, vous êtes bienheureuse, et vous devez bien remercier Notre-Seigneur de ce que vous êtes remise dans mes mains. Sire, lui répondit Clairette, je sais certainement bien que sans votre secours, je serais périe actuellement : ainsi, tant que Dieu me donnera des jours, je vous servirai comme la dernière de votre hôtel, je me confie en Dieu et en vos bontés. Belle, lui dit Pierre d'Arrangon, tant que je vivrai, vous ne manquerez de rien; car s'il plaît à Dieu, vous conserverez votre honneur et vos jours, vous pourrez trouver un mari qui vous rendra heureuse. Pierre d'Arrangon prit aussitôt la Demoiselle par la main, et recommanda à ses gens de lever les voiles pour retourner à Tarragone, ville située entre Barcelone et Valence la grande, où était pour lors le Roi d'Arrangon. Quand on eut levé les voiles, ils s'embarquèrent et perdirent bientôt la terre de vue; ils voguèrent tant qu'ils apperçurent un matin les tours et le Palais de Tarragone, et ils remercièrent Notre-Seigneur. Comme ils approchaient de la ville, le Roi d'Arrangon était appuyé à une des fenêtres de son Palais, il vit venir six galères et un grand vaisseau, dont il fut bien surpris, et ne savait ce que ce pouvait être; mais quelques uns qui les reconnurent, dirent au Roi que c'était son cousin Pierre d'Arrangon, qui venait de faire une course sur la mer, où il avait pris ce grand vaisseau et tout ce qui était dedans.

Quand le Roi d'Arrangon apprit que son cousin Pierre d'Arrangon venait, il descendit de son Palais avec ses Barons, et vint trouver son cousin Pierre d'Arrangon sur le rivage. Quand il fut arrivé, il courut embrasser son cousin, et lui dit : Mon cher cousin, soyez le bien-venu, je suis très-charmé de votre bonne aventure; dites-moi, je vous prie, où vous avez conquis ce vaisseau qui est si riche? Pierre d'Arrangon lui raconta exactement comme la chose était arrivée, et comme il avait sauvé cette Demoiselle des mains des Sarrasins, et il la fit voir au Roi, en lui disant : Sire, je pense que vous voyez aujourd'hui la plus belle, la plus aimable et la plus vertueuse Demoiselle que l'on puisse voir, et qui paraisse davantage être d'une noble extraction. Le Roi la regarda, et elle se jeta à ses pieds; le Roi la releva et lui dit : Je vous prie de dire d'où vous venez, de quel lieu et de quelle famille vous êtes? Clairette craignait d'être tombée en de mauvaises mains, baissa la tête et se mit à pleurer; un torrent de larmes innondait son visage, et elle dit au Roi, je vous prie de ne me pas demander qui je suis, ni de quelle famille je suis, car je ne connais pas mes parens. Quand le Roi entendit la pucelle, et qu'il vit qu'elle était en proie à la douleur, il chercha tous les moyens de la consoler.

Pierre d'Arrangon raconta au Roi tout ce que Clairette lui avait dit : Elle a été trouvée dans une île déserte, par les Sarrasins que j'ai mis à mort; elle doit se trouver bienheureuse d'être tombée dans mes mains, car s'il plaît à Notre-Seigneur je la marierai, et tâcherai de lui rendre son sort plus heureux. Le Roi Garin et Pierre d'Arrangon sortirent alors du vaisseau, et vinrent dans la ville, il fit conduire la belle Clairette à son hôtel par deux Gentilshommes, et en passant dans la ville, elle attira les regards des Dames et Demoiselles, qui louaient beaucoup sa beauté, et se disaient l'une à l'autre qu'elles n'avaient pas encore vues une Demoiselle si accomplie, ni qui eut l'air d'une naissance plus distinguée. Il y eut dans la ville de très-grandes réjouissances au sujet de l'arrivée de Pierre d'Arrangon et de la Demoiselle qu'il avait emmenée avec lui. Comme toute la ville était abandonnée à la joie, Florent le fils du Roi, qui venait d'auprès de la Duchesse, entra dans la ville, et vit par les rues les Dames et Demoiselles, même les plus simples Bourgeoises, qui faisaient des fêtes dans plusieurs endroits, il vit toutes les rues tendues de tapisseries; surpris de voir tant de divertissemens, il demanda à un Bourgeois s'il y avait quelque nôce, et quels gens se mariaient, pour que l'on fit de si grandes fêtes? Sire, lui répondit le bourgeois, ces fêtes et ces divertissemens que vous voyez, sont pour la bonne arrivée de Pierre d'Arrangon, qui a été absent depuis très-long-tems; Dieu l'a aidé dans ses entreprises, car il a conquis le grand vaisseau de Malicques, sur lequel était le Roi de Grenade, il en a rapporté un butin considérable. Quand Florent eut vu la richesse du vaisseau, il vint à l'hôtel de Pierre d'Arrangon son cousin; il lui fit bien des amitiés, et lui dit qu'il fut le bien-venu, et qu'il était bien charmé de son bonheur. Pierre d'Arrangon lui répondit : Grâces à Notre-Seigneur, j'ai assez bien réussi; mais je veux vous faire voir que j'ai eu encore plus de bonheur que vous ne pensez, car j'ai trouvé quelque chose de plus de mérite que ce vaisseau; alors il lui fit voir Clairette qui était plongée dans la douleur, et il lui raconta comme il l'avait conquise. Florent se sentit ému dès le premier regard qu'il jeta sur Clairette; plus il la considérait, plus il était enchanté de sa beauté. Clairette le regarda aussi, mais elle n'osait pas le fixer, il lui sembla qu'elle n'avait jamais vu un plus beau jeune homme de corps et de visage. Florent qui ne pouvait détourner ses regards de dessus la Demoiselle, se sentit bientôt le cœur atteint d'un trait dangereux qu'amour lui lança. On n'eût jamais pu trouver deux cœurs, qui, dès la première entrevue fussent d'une meilleure intelligence. Florent et Clairette étaient tous deux ornés des agrémens de la beauté, et la nature, quelquefois trop avare de ses dons, avait pris plaisir à leur prodiguer. Les yeux fixés l'un sur l'autre, ils se regardaient tendrement. Si Florent eut pu savoir que c'était la belle Clairette, fille du noble Roi Huon de Bordeaux, il l'eût bientôt épousée. Clairette fut bientôt éprise d'amour pour Florent, il désirait bien savoir de quelle condition elle était, car elle avait l'air bien distinguée. Il résolut de s'en informer, et de lui demander son amitié, et dit qu'il mourrait de douleur si elle le lui refusait. Epris du plus violent amour pour Clairette, il lui prit la main, et la tirant un peu à l'écart, la fit asseoir, lui parla doucement pour ne pas être entendu, il lui témoigna toute la satisfaction qu'il avait de la voir, il la pria ensuite de lui dire de quelle famille elle était? Sire, lui répondit-elle, quel avantage pourriez-vous retirer d'être informé de ma naissance et de mon nom, cependant je vous le dirai, puisque vous êtes curieux de le savoir: Je suis la fille d'un chasseur, et j'étais au service de la Duchesse de Bordeaux, mais par la trahison la plus noire que l'on puisse jamais imaginer, j'ai été enlevée, et j'ai eu à supporter bien de la fatigue et de la misère. Si Dieu n'eût envoyé Pierre d'Arrangon pour me secourir dans le vaisseau où j'étais, ma perte était écrite. Sire, j'espère néanmoins que vous n'abuserez point de l'état malheureux où le sort m'a réduit; en voulant attenter à mon honneur, je pense que vous êtes trop bien né pour en avoir seulement l'idée: d'ailleurs, j'aimerais mieux périr que de m'abandonner à un homme, excepté à un mari. Belle, lui dit Florent, je vous promets au nom du Dieu qui m'a formé, que ni moi, ni autre n'oseraient seulement effleurer votre honneur, et si j'apprenais qu'il y eut quelqu'un qui eut la témérité de vous faire une proposition désagréable, je le ferais mourir dans les plus affreux tourmens, tant je désire être votre fidèle ami. Jamais on ne pourra nous séparer, et si le Roi mon père était mort, je ne tarderais pas à vous épouser. Sire, lui répondit Clairette, je vous prie de ne jamais penser à ce que vous venez de me dire, il ne conviendrait pas que le fils d'un Roi s'abaissât à vouloir s'allier à une fille d'une extraction si basse, et c'est vouloir vous attacher à une personne aussi pauvre que moi, car si le Roi votre père s'apercevait que vous eussiez la moindre idée sur moi, il me ferait mourir.

Clairette se tût, et baissant la tête, elle dit tout bas en elle-même: Grand Dieu! si ce jeune homme qui est ici, savait qui je suis, peut être bien qu'il me voudrait avoir en mariage. Je n'ai jamais ressenti d'amour pour personne, mais quand je vois ce jeune homme, un doux frémissement vient s'emparer de mes sens, et je l'aime pour le moins autant qu'il peut m'aimer; elle répandit aussitôt un torrent de larmes. Florent voyant Clairette s'abandonner aux larmes, il en fut bien fâché, et lui dit: Daignez m'avoir pour votre fidèle ami, autrement vous serez la cause de ma mort. Sire, lui répondit Clairette, je consens de tout mon cœur à vous accorder mon amitié: mais à condition que vous ne manquerez en rien à mon honneur, car si je savais que vous pensiez autrement, je vous aurais en horreur le reste de ma vie. Belle, lui répondit Florent, ne craignez pas que j'aye jamais aucune pensée immodeste à votre égard. Je vous respecte infiniment, et vous n'aurez en moi qu'un fidèle adorateur de vos appas et de votre vertu. Ainsi se passa la première entrevue de ces deux amans, et ils eurent bien des traverses pour parvenir au comble de leurs désirs.

Comme le Roi défendit à Florent son fils de ne pas être assez hardi pour oser s'attacher à la belle Clairette. Comme Florent promit à son Père qu'il ferait le Roi de Navarre prisonnier, au cas qu'à son retour il lui permit d'épouser la belle Clairette, ce que le Roi Garin lui promit; mais il n'en voulut rien faire, et fit prendre la belle Clairette, et il l'aurait fait noyer si Pierre d'Arrangon ne l'eût secourue.

QUAND Florent eut bien conversé avec la charmante Clairette, il l'embrassa et prit congé d'elle et de Pierre d'Arrangon son cousin; il s'en retourna vers son père et le lendemain il revint à l'hôtel où était la Demoiselle Clairette; il y allait si fréquemment que l'on sut bientôt dans le Palais et par toute la ville, des nouvelles de l'amour de Florent pour Clairette, qui avait été amenée par le vaillant Pierre d'Arrangon. Le Roi Garin, père de Florent, n'en fut pas plutôt informé, qu'il pensa en mourir de dépit, et dit en lui-même: Grand Dieu! serait-il possible que cette aventurière ait pu enchanter mon fils, je crains bien que, séduit par ses attraits, il n'ait le malheur de s'attacher à elle; mais je fais serment que, si comme on me l'a raporté, il continue ses assiduités auprès d'elle, il me le payera plus cher qu'il ne le pense, car dans la colère où je suis, je la ferais mourir de mes propres mains. Le Roi envoya alors dire à son fils de venir lui parler; Florent se rendit aussitôt à ses ordres, et dès qu'il fut arrivé, il lui demanda brusquement d'où il venait? Sire, lui répondit Florent, je viens de me réjouir dans l'hôtel de mon cousin Pierre d'Arrangon, où j'ai passé un moment agréable à entendre la conversation de la plus adorable et de la mieux élevée de toutes les Demoiselles que l'on puisse voir. Florent, dit le Roi, je vous défends expressément de faire aucunes démarches pour cette fille, si j'apprends que vous ayez la faiblesse de vous laisser surprendre par les discours de cette aventurière, craignez d'encourir ma colère et ma disgrâce. Si jamais je vous y trouve, je la ferai mettre dans une affreuse prison où elle terminera ses jours. Mon Père, reprit Florent, il me semble que vous avez grand tort de vouloir nous détourner de nous réjouir et de converser ensemble en tout bien et en tout honneur, qu'à Dieu ne plaise que je pense à la déshonorer en aucune manière. Vous avez été jeune, pourquoi voudriez-vous trouver à redire à ce que nous passions notre jeunesse; vous avez déjà atteint l'âge de quatre-vingt ans, et même davantage, ainsi vous ne devriez penser maintenant qu'à servir Dieu, boire et manger; vous ne devez pas vous inquiéter si nous passons notre jeunesse dans les plaisirs, nous ne faisons que ce que vous avez fait, car je ne veux agir avec cette Demoiselle qu'en toute honneur et sagesse. Je l'aimerai toujours tant je la trouve belle et aimable, et il n'y a personne au monde qui puisse m'empêcher de rendre hommage à ses appas. Je la crois à ses manières nobles et insinuantes, d'une noble extraction, ainsi, il serait très-possible de nous unir par les liens du mariage; je vous prie de ne pas blâmer davantage cette Demoiselle, car je lui suis entièrement dévoué. Quand le Roi vit que son fils était épris des charmes de Clairette, il lui dit en colère: Fils indigne de moi, c'est donc ainsi que tu méprises mes remontrances, et que tu as l'audace d'aller contre mes volontés; mais apprends que si Dieu m'accorde la vie jusqu'à demain, je te séparerai de ta belle Maîtresse. Quand Florent entendit que son père lui faisait de telles menaces, il lui répondit: Mon père, je ne crois pas que vous exécutiez vos menaces; car, si je savais que vous y fussiez résolu, je me déferais moi-même d'une vie qui me deviendrait odieuse. Ce discours et l'air déterminé avec lequel Florent venait de le prononcer, firent faire au Roi de sérieuses réflexions sur la manière dont il devait en user pour tâcher de détourner son fils de contracter une alliance qu'il croyait déshonorable; il rappela son fils, et lui dit: Florent, il faut vous armer, vous irez tenter des aventures, comme j'ai fait dans ma jeunesse; je ne vous empêcherai pas de vous allier à telle personne qu'il vous plaira, pourvu qu'elle soit d'une condition noble. Quittez cette aventurière qui ne peut vous procurer aucun honneur. Je ne puis penser qu'après ma mort, une aventurière telle que celle-ci, devienne Reine de mon Royaume, vous savez très-bien que le Roi de Navarre votre oncle, m'a fait une très-grande guerre pour une légère querelle que nous eûmes ensemble. Il doit venir m'attaquer au mois d'avril, cherchez plutôt quelque noble et riche Demoiselle, et quittez votre folie, et je vous ferai Chevalier. Vous m'aiderez à défendre mon Royaume contre votre oncle le Roi de Navarre. Ne m'en parlez plus, lui dit Florent, car je ne veux jamais avoir d'autre femme que la belle Clairette dont je suis amoureux, et que vous méprisez trop. Mon fils, continua le Roi Garin, vous voulez donc vous dégrader et vous attirer le mépris de tous vos parens, qui vous fuieraient et vous auraient en horreur. Je vous prie au nom de Notre-Seigneur Jésus-Christ, de vous defaire de cette passion basse, prenez garde de rien faire contre ma volonté, si vous voulez me succéder au trône. Le Roi appela Pierre d'Arrangon son cousin, et lui fit promettre que s'il voyait encore son fils aller converser avec cette Demoiselle dans son hôtel, il vint aussitôt l'en informer, et que s'il lui parlait davantage, il le ferait mourir. Florent fut consterné d'entendre ces terribles menaces. Comme le Roi reprenait son fils, il arriva un courier qui dit au Roi : Sire, je viens vous apprendre de bien mauvaises nouvelles, car le Roi de Navarre votre beau-frère, est entré dans votre Royaume, et il met tout à feu et à sang ; il y a près d'ici trente mille hommes, sans le gros de l'armée qui est encore au nombre de soixante mille hommes, qui ont déjà détruit beaucoup de pays, ils font main basse sur tout ce qu'ils rencontrent dans leur passage, et n'épargnent personne. Vous n'avez que le tems de mettre vos troupes sur pied, pour résister à vos ennemis. Quand le Roi Garin eut appris ces tristes nouvelles, il appela Pierre d'Arrangon qui était son connétable, il lui recommanda de mettre ses troupes en état de marcher contre l'ennemi ; il appela ensuite Florent son fils, et lui dit : il faut prendre les armes, et faire voir votre courage aux ennemis, qui ravagent mon Royaume. Vous marcherez à la tête de mon armée, car je n'ai plus la force de la conduire moi-même, par rapport de mon extrême vieillesse, je ne puis plus monter à cheval, ainsi, c'est à vous à défendre mon Royaume que vous devez posséder après moi. Père, dit Florent, je ne refuse pas de prendre la défense de votre Royaume : mais j'espère que vous m'accorderez pour femme ma chère Clairette ; mais si vous m'accordez cette grâce, je vous promet de remettre votre ennemi prisonnier entre vos mains, et si vous ne voulez pas m'accorder cette grâce, ne vous attendez pas sur moi. Quand le Roi vit qu'il n'y avait pas d'autre moyen pour engager son fils à le secourir, il fut fort irrité, et commanda à ses gens d'aller prendre les armes contre ses ennemis, aussitôt ils exécutèrent ses ordres, et partirent à une lieue de la ville, où ils trouvèrent les ennemis, il y eut dès le premier choc un grand carnage, et beaucoup de Chevaliers y périrent. Pierre d'Arrangon y combattait avec une intrépidité et une valeur admirables ; mais les ennemis avaient force supérieure, et il fut contraint de se retirer dans la ville d'où ils étaient sorti, et il avait déjà perdu beaucoup de gens. Les Navarrois voyant que les Arragonois s'étaient retirés dans la ville, ils campèrent devant la ville, le mieux qu'ils purent. Quand le Roi Garin vit que ses gens retournaient sur leurs pas, il appela son fils Florent et l'engagea beaucoup à s'armer pour défendre ses terres. Sire, dit Florent, je ne le ferai point que vous ne m'ayez promis de me donner la belle Clairette en mariage, si vous le voulez, je vous promets de vous rendre mon oncle prisonnier. Le Roi voyant que son fils était opiniâtre dans son dessein, commença à réfléchir et lui dit : Je vous accorde votre demande aux conditions que vous vous êtes imposées vous-même ; allez donc et prenez vos armes, car il n'y en a pas de meilleures, et si vous pouvez réussir dans votre entreprise, je vous accorderai la belle Clairette. Le Roi dit ensuite en lui-même, j'aimerais mieux qu'on me coupât les deux bras, qu'il fût dit qu'une aventurière occupât mon trône après ma mort, non, je ne le souffrirai point, car aussitôt que mon fils sera sorti de la ville, je la ferai conduire au bord de la mer, et la ferai jeter dedans, dût-il m'en arriver le malheur le plus grand. Florent voyant que son Père lui promettait de lui donner sa chère Clairette, fut bien satisfait, il ne savait pas le mauvais dessein de son père, et il lui dit : je vous prie de faire venir ma chère Clairette, afin que ce soit elle qui me ceigne mon épée, et je serai plus hardi au combat. Le Roi fit ce que son fils lui avait demandé ; il envoya chercher deux Chevaliers, qui l'amenèrent au Palais, dont elle fut bien joyeuse, car elle ignorait tous les maux que le Roi Garin lui préparait.

Dès qu'elle fut arrivée, sa beauté et son air de distinction lui attirèrent les regards et l'admiration de toute l'assemblée. Florent ne l'eut pas plutôt aperçue qu'il se sentit tout ému, et vola au-devant d'elle pour l'embrasser. Clairette parut recevoir ses embrassement avec satisfaction, ce qui fit beaucoup de peine au Roi Garin, et il étouffait son dépit en lui-même, et craignit de le faire paraître à Florent qu'il voyait prêt à défendre son Royaume. Il l'aida avec la belle Clairette à s'armer, et lui mit sa bonne épée ; il la tira du fourreau et la passant sur sa tête, il le fit Chevalier. On lui amena ensuite son cheval, sur lequel il monta avec beaucoup de légèreté, et avant de partir il dit à son Père : Sire, je vous remets en garde la personne qui m'est la plus chère au monde, car s'il plaît à Notre-Seigneur Jésus-Christ me faire la grâce de bien combattre, je vous amenerai certainement le Roi de Navarre prisonnier. Le Roi Garin accorda à son fils tout ce qu'il lui avait demandé, mais il n'avait pas intention d'en remplir la moindre promesse ; il commanda à six de ses Chevaliers qui étaient présens, d'avoir soin de la Demoiselle Clairette jusqu'à ce que son fils fut sorti de la ville ; car il avait résolu de la faire noyer après son départ.

Comme Florent alla combattre ses ennemis, et Pierre d'Arrangon retourna vers la pierre pour y conduire des prisonniers. Comme il empêcha que Clairette ne fut noyée : et comme le Roi Garin la fit enfermer dans une tour.

FLORENT se voyant ainsi armé et monté sur un bon cheval lui fit faire quelques caracoles avant de faire ses adieux à sa chère amie ; il partit ensuite au galop jusqu'aux portes de la ville, tous ceux qui le regardaient passer, disaient qu'ils n'avaient pas vu encore un si beau Chevalier et qui eut l'air plus courageux. Florent se mit en chemin pour rejoindre le camp des ennemis ; il avait à sa suite dix mille Chevaliers des plus courageux. Les Dames et Demoiselles de la ville coururent aux crenaux de la ville pour voir passer le nouveau Chevalier. Les Navarrois voyant arriver Florent, vinrent contre lui au nombre de quinze mille hommes, ils venaient par une vallée, dans le dessein de lui couper le chemin et de l'enfermer entre l'armée et la ville ; mais le vaillant Chevalier Pierre d'Arrangou, qui était avec Florent se méfia, et fit avancer l'armée. Et quand ils virent l'instant favorable pour l'attaque, Florent qui désirait ardemment acquitter la promesse qu'il avait faite au Roi son père, donna un tel coup de lance à un Chevalier Navarois, qu'il la lui passa tout au travers du corps, et en la retirant, le Chevalier tomba mort sur la place. Florent s'écria ensuite : Dieu me donne une bonne étrenne ! il tira ensuite son épée et en frappa un autre qui venait au-devant de lui, avec une telle force qu'il lui fendit la tête jusqu'aux dents, il vint ensuite au troisième qu'il tua aussi ; il en fit mourir dix. Ce combat fut très-sanglant, et c'était une horreur à voir les Navarrois et les Arragonois combattre ; Florent courait comme un forcené à travers les rangs des ennemis, il détruisait tout ce qu'il rencontrait sous sa main. Les Navarrois se sauvaient de lui, comme les brebis à l'aspect du loup ravisseur.

Pendant que Florent causait la terreur aux ennemis, Clairette et d'autres Dames étaient appuyées sur les murs de la ville, et elle

elle leur faisait remarquer les vaillantes actions que Florent faisait en combattant contre les ennemis; mais sa joie ne fut pas de longue durée. La haine que le Roi Garin avait contre Clairette se ranima, il fit appeler deux Chevaliers qui étaient les plus estimés dans son conseil, et il leur dit: Seigneurs, cette aventurière dont mon fils est malheureusement amoureux, me déplait tant que je ne puis la souffrir devant mes yeux, mon fils pense l'avoir en mariage à son retour; mais cela ne sera pas, telle chose qu'il puisse en arriver, je vous ordonne de la prendre et de la précipiter dans l'endroit le plus profond de la mer. Quand les Chevaliers entendirent que le Roi leur commandait de commettre un tel meurtre, ils furent si étonnés qu'ils ne surent quoi lui répondre, et n'osèrent pas le contredire, car ils le connaissaient si barbare, qu'ils craignaient qu'il ne les fit mourir, s'ils refusaient de lui obéir. Ils ne firent pas la moindre résistance, et se saisirent aussitôt de la malheureuse Clairette, qui leur dit: Seigneurs, pourquoi me prenez-vous de cette manière, que ne dites-vous ce que vous désirez de moi? Ils ne lui répondirent rien, sinon que sa fin était venue. Quand la belle Clairette se vit prise, et saisie de dix hommes qui la menaçaient de la faire mourir, elle jeta un grand cri en réclamant Dieu et la Vierge Marie de vouloir bien l'aider et secourir; alors ils lièrent la Demoiselle par les mains, et la serrèrent si fort que le sang lui coulait le long des doigts et tombait sur le pavé. Seigneur, leur dit la pauvre Demoiselle, je vous demande grâce, que gagnerez vous à me donner la mort? je ne l'ai point méritée. Aventurière, lui dit le Roi, vos discours et vos pleurs sont superflus, et vous ne vous vanterez plus que vous aurez le fils d'un Roi pour votre époux; car je veux que vous soyez noyée. Alors quatre bourreaux la saisirent par les cheveux, et l'entraînèrent pour la conduire à la mer, en la maltraitant. Mais comme le dit un vieux proverbe: celui que Dieu garde est bien gardé, et ne peut point périr. Dans ces entrefaites, Florent qui se

battait courageusement avec ses ennemis, aperçut Pierre d'Arrangon son cousin, qui emmenait avec lui un grand nombre de prisonniers. Quand il vit Florent, il lui dit: Sire, je vous conjure de retourner promptement vers la ville, car toute l'armée des Navarrois va fondre sur nous, et il nous sera impossible de leur résister, car ils sont environ soixante mille hommes qui nous poussent l'épée au dos, et qui sont prêts à nous détruire; vous avez assez bien combattu jusqu'à présent, et si vous aviez le malheur d'être pris par eux, ils vous feraient mourir. Pierre, dit Florent, je vous prie de me laisser combattre contre le Roi mon oncle, car j'ai promis que je le remettrais à la merci de mon père, il faut que j'accomplisse ma promesse, si je veux avoir la noble Clairette en mariage; mais il faut qu'auparavant je détruise encore beaucoup de Navarrois. Sire, lui dit Pierre, puisque vous cherchez la mort, agissez selon votre idée; pour moi je ne veux plus demeurer ici, car je suis embarrassé de tous ces prisonniers, et je vais les conduire dans la ville, après quoi je reviendrai vous trouver, car s'il arrivait que vous ou moi soient prisonniers, ceux que j'emmène puisse servir à nous racheter. Pierre entra dans la ville avec tous ses prisonniers, et comme il traversait par le marché, il vit une grande foule de monde qui s'était amassée, et quatre bourreaux qui traînaient l'infortunée Clairette pour la conduire au bord de la mer. Quand Pierre d'Arrangon les aperçut, il fut bien fâché et quitta ses prisonniers, il tira son épée et cria: Misérables bourreaux, laissez cette Demoiselle que j'ai amenée d'outre mer, songez que vous n'avez jamais fait une plus grande folie. Il donna de son épée un si grand coup au premier, qu'il lui abattit la tête; il vint au second qu'il étendit sur le carreau; les deux autres subirent le même sort. Quand Clairette aperçut le Comte Pierre d'Arrangon, elle s'écria: Sire, je vous prie d'avoir pitié de moi, et de me secourir comme vous avez fait autrefois; je ne reconnais point d'autre Seigneur que vous: au nom de Dieu, déliez-moi,

9

car je souffre des tourmens affreux. Il vint aussitôt vers elle, et coupa les cordes avec lesquelles elle était attachée; la douleur qu'elle ressentait était si vive, qu'elle tomba en foiblesse sur-le-champ. Pierre la releva, et lui dit : Belle, rassurez-vous, je vous aiderai à vous sauver. Elle pleurait amèrement, et dit tout bas : Ah ! Huon de Bordeaux mon père, vous avez souffert bien des peines et des misères; mais je crois que vous m'avez fait héritière de vos malheurs; j'ignore où vous et ma mère êtes à-présent, je crois bien que je n'aurai jamais le bonheur de vous voir. Pierre d'Arrangon la prit par la main, et la reconduisit dans son hôtel. Il vint ensuite au palais, où il trouva le Roi Garin auquel il dit : Vieillard insensé, de quel droit voulez-vous faire mourir cette Demoiselle? elle est à moi, je l'ai conquise sur mer, et lui ai sauvé la vie, et vous n'avez aucun droit sur elle. Comme le Comte Pierre d'Arrangon parlait au Roi, on vit arriver deux Chevaliers qui lui dirent : Sire, vous voyez devant vous Pierre d'Arrangon qui a délivré l'aventurière, et qui a tué les quatre Chevaliers qui étaient chargés de la noyer. Le Roi Garin dit au Comte : comment avez-vous été assez hardi de tuer mes gens à qui j'avais ordonné d'exécuter mes ordres; alors il dit en colère : Seigneur, saisissez-vous de cet homme qui m'a fait une telle insulte, car je ne serai point content que je ne le voye pendu et étranglé; tous ceux qui étaient présens s'avancèrent pour s'emparer de lui. Quand il les vit approcher, il mit l'épée à la main, et en donna un si grand coup au premier qui vint à lui, qu'il le fendit jusqu'aux dents, il tua aussi le second; mais les autres prirent la fuite, et il était si furieux, qu'aucun d'eux n'osait l'approcher, et la terreur qu'il leur avait inspirée était si grande, qu'ils avaient tous pris la fuite; et s'étant trouvé seul devant le Roi, il lui dit : Misérable vieillard, vous n'êtes pas digne de porter la couronne, et le Royaume n'est pas fait pour un traître tel que vous, vous payerez bien cher la Demoiselle; alors il fit semblant de courir dessus; le Roi saisi de peur, se sauva dans sa chambre où il s'enferma. Pierre qui était en dehors le menaçait, le Roi lui dit : je te crie merci, et je suis prêt à réparer tout le mal que je t'ai fait; j'étais courroucé contre mon fils, et je voulais m'en venger sur celle qui est l'objet de son malheureux amour. Je ne lui ferai dorénavant aucun mal; mais je ne pourrai jamais consentir qu'elle soit héritière de mon Royaume. Pierre d'Arrangon lui dit : Il est inutile que vous en disiez davantage; elle est peut-être aussi noble, et il pourrait arriver que dans quelque tems vous ne la mépriserez pas tant. Le Roi lui dit : vous avez tué de mes gens, je vous le pardonne; mais je tiendrai Clairette prisonnière dans une tour dont elle ne sortira jamais, et nous dirons à mon fils que je l'ai fait noyer, et nous la tiendrons prisonnière jusqu'à ce que Florent ait une autre femme en mariage, ensuite nous la délivrerons et l'enverrons dans un autre pays. Alors le Roi vint vers Pierre, et il envoya chercher la pauvre Clairette et la fit mettre dans une tour, où il ordonna que l'on lui donnerait tout ce qui lui serait nécessaire, il fit ensuite maçonner la tour, et on n'y laissa d'un côté qu'une fenêtre par où on lui donnait à manger; mais il y en avait deux autres sur les champs, par où elle recevait une grande clarté. Ainsi fut enfermée la belle Clairette, où elle versait bien des larmes. Nous parlerons de Florent qui était à la bataille.

Comme Florent vainquit ses ennemis, et prit le Roi de Navarre prisonnier, le conduisit dans la ville, le remit à son père, et ensuite le délivra parce que son père lui faisait entendre que sa chère Clairette était noyée, dont il en eut bien du chagrin.

LE Comte Pierre d'Arrangon était retourné dans la ville, voyant qu'il ne pouvait réussir à faire abandonner le champ de bataille à Florent, qui faisait des merveilles, animé par l'espérance qu'il avait d'épouser le lendemain sa chère Clairette. Le champ de bataille était couvert d'un grand nombre de Navarrois qu'il avait tués.

Quand le Roi de Navarre son oncle vit

qu'il détruisait ses gens, il fut bien fâché, et vint vers lui en lui disant · Vassal, que Dieu te maudisse! je ne vivrai pas content, tant que tu seras au monde, j'aimerais mieux mourir que de n'en pas tirer vengeance. Je t'ordonne de jouter avec moi, et si tu es vaincu, ta terre m'appartiendra, et jamais tu n'en seras Seigneur. Florent lui répondit qu'il voulait bien, il remit son épée dans son fourreau, prit une lance, piqua son cheval et vint contre son oncle, qui, de son côté s'avança sur lui et rompit sa lance; mais celle de Florent qui était bonne, atteignit le Roi si rudement, qu'il le jeta par terre, et ne put se relever. Florent prit le Roi par le cou et lui dit: Je vous fais prisonnier et je vous remettrai avant qu'il soit nuit, entre les mains de la personne du monde que j'aime le plus, car je n'en connais point de plus belle, et si vous me faites aucun refus, je vous abattrai la tête avec mon épée. Le Roi lui répondit qu'il se conformerait à sa volonté. Florent lui ôta son épée qu'il donna à garder à un Chevalier, il fit monter son oncle sur son cheval, et le fit marcher devant lui. Il venait ensuite l'épée à la main, teinte du sang des Navarrois. Ceux qui étaient échappés à la fureur du combat, tâchaient de s'avancer pour voir leur Roi; mais ils ne purent venir à bout, car Florent était déjà entré dans la ville, où il fut très-bien reçu. Quand les Navarrois virent que leur peine était perdue, et que leur Roi était mené prisonnier dans la ville, ils vinrent aux barrières où ils combattirent; mais ils n'y gagnèrent pas beaucoup, car ils furent obligés de se retirer et de s'en retourner bien chagrins dans leurs tentes; et les Arragonois rentrèrent dans la ville de Courtouse en grande réjouissance.

Quand ils y furent rentrés, Florent conduisit le Roi au palais, où ils trouvèrent le Roi qui fut bien joyeux de leur arrivée, quand il vit Florent qui amenait son ennemi prisonnier, étant devant lui, il l'embrassa et lui dit: mon fils, votre arrivée me fait bien du plaisir. Père, lui dit Florent, j'ai fait tous mes efforts pour faire votre ennemi prisonnier, et je vous le remets pour

en disposer à votre volonté. Maintenant je pense que vous tiendrez votre promesse, et que vous m'accorderez la belle Clairette que je veux faire Reine après votre décès; le Roi se mit en colère, et dit à son fils, quittez votre folie et cherchez une femme qui puisse être de votre qualité; ne pensez pas à la retrouver: sachez que je l'ai fait jeter dans la mer, où elle est noyée; vous êtes bien insensé de croire que je voudrais qu'après ma mort, ce fut une aventurière qui fût Reine d'un Royaume tel que le mien; ayez bien soin de ne pas m'en parler davantage, ou redoutez mon courroux.

Quand Florent eut entendu le Roi son père lui parler ainsi, tout son sang se glaça dans ses veines, une sueur froide lui coulait le long des membres, et il tomba en foiblesse; tous les Chevaliers qui étaient présens commencèrent à le regretter, et crurent qu'il était mort. Le Roi lui-même en fut bien fâché, et il aurait bien voulu n'avoir rien dit. Quand Florent fut revenu à lui, il dit: Grand Dieu! comment me sera-t-il possible de pouvoir rester sur la terre, puisqu'il s'y commet des crimes si indignes; il se tourna ensuite du côté des Chevaliers, et leur dit: Seigneur, je vous prie au nom de l'amitié que vous devez avoir pour moi, de me conduire au lieu où ce barbare a fait noyer celle que j'aimais plus que ma vie; je veux que sa sépulture devienne la mienne, afin qu'il ne soit plus mention de moi.

Florent voyant que son père l'avait trompé, se retourna vers le Roi de Navarre son oncle, qu'il avait fait prisonnier, et lui dit: Roi de Navarre, vous êtes mon prisonnier; mais si vous voulez m'aider à me venger de la cruelle trahison que mon père m'a faite, je vous rendrai la liberté. Neveu, dit le Roi, quittez votre folie, et ne m'en parlez plus, car cela vous ferait plus de tort que vous ne l'imaginez, et vous attirerait la haine de tous ceux qui vous connaissent. Sire, reprit Florent, que dites-vous? vous savez que je vous tiens prisonnier, et qu'il ne dépend que de moi de vous faire mourir. Beau neveu, je veux bien accorder à vos volontés; si cependant vous vouliez m'en croire, vous abandonneriez le dessein que vous avez formé contre le Roi Garin votre père. Comment donc lui répéta Florent, vous avez donc déjà oublié qu'il ne tient qu'à moi de vous faire trancher la tête, si vous ne voulez pas agir selon ma volonté, ainsi je vais vous faire exécuter, si vous ne jurez la mort du Roi Garin mon père, et vous n'aurez jamais la paix avec moi, que vous n'ayez fait ce que je vous ai dit.

Mon père m'a trompé dans mes espérances, et m'a ôté tout ce que j'avais de plus cher au monde ; ainsi je vous laisserai la vie et la liberté, si vous voulez m'aider dans mon dessein. Le Roi de Navarre lui dit : Vous êtes encore jeune, et je ne suis pas assuré si vous tiendrez votre promesse, car je crains bien que vous ne me trompiez. Sire, dit Florent, à Dieu ne plaise que j'agisse ainsi, soyez persuadé que si je vous fais quelque promesse, c'est que je la tiendrai à tel prix que ce soit.

Il y avait au palais fort peu de monde, car tous les Barons et Chevaliers étaient allé se rafraîchir, car ils étaient bien fatigués ; le Roi Garin était resté avec fort peu de monde, ce que Florent avait remarqué, il dit alors à un de ses Chevaliers de lui amener devant le palais, son cheval et celui du Roi de Navarre son oncle. Quand Florent vit qu'on lui avait amené son cheval, il dit à son oncle, si vous avez bonne envie de vous racheter, prenez cette épée, et laissez ce malheureux Roi consumer ses jours dans la tristesse, et suivez-moi. Beau neveu, lui dit le Roi de Navarre, je crains bien que vous ne me manquiez de parole. Ne craignez rien, lui dit Florent, suivez-moi, et vous verrez de quelle manière j'agirai. Ils montèrent sur leurs chevaux qu'on leur avait amené devant le Palais, et ils partirent.

Quand ils furent sortis des portes de la ville, Florent dit au Roi de Navarre, mon oncle vous savez que je vous remets vos armes : mais c'est à condition que vous ne ferez jamais la paix avec mon père, avant que vous ne l'ayez fait prisonnier dans quelque bataille. Je vous promets faire tout ce que vous exigez de moi, et vous recommande

à Dieu. Quand le Roi se vit libre, il fut bien content, il vint vers ses gens, et leur raconta la manière et le sujet pour lequel il avait été délivré ; ils furent tous bien joyeux de le revoir, et pour accomplir sa promesse envers son neveu, il manda partout son Royaume que ses gens vinssent à son secours, et il fit battre l'arrière banc par tout le pays. Nous parlerons maintenant de Florent qui avait rendu la liberté à son oncle le Roi de Navarre.

Comme le Roi Garin fit mettre Florent dans une tour ; comme Clairette se sauva, et parla à son ami par un grillage qui donnait sur le Jardin ; de la sentinelle qui les aperçut, et comme elle pensa se noyer.

FLORENT après avoir délivré le Roi son oncle, qu'il avait pris à la bataille, s'en retourna dans la ville, et alla droit au palais où il rencontra le Roi Garin son père, et lui dit comme un homme qui avait perdu tout son bon sens : O traître et barbare père, tu m'as fait tant de mal que je désire davantage ta mort que ta vie, puis se retournant avec un air effarouché : Seigneurs, je vous supplie encore une fois de me mener au lieu où ma chère Clairette a été noyée, car la vie est pour moi un fardeau odieux, si vous ne faites ce que je vous demande, je me détruirai moi-même. Le Roi Garin ayant entendu Florent parler ainsi en désespéré, se courouça contre lui, et lui dit mille invectives. Il commanda ensuite à ceux qui étaient présens, de le prendre et de l'enfermer dans la grosse tour, pour s'assurer de lui ; il dit ensuite : que je suis malheureux ! de me voir ainsi mené par mon fils, mais par la foi que je dois à Saint Jacques, il me payera cher tout le chagrin qu'il me cause, car de sa vie il ne possédera un pied de mon Royaume. Florent qui l'avait entendu, lui dit : Je fais fort peu de cas de vous et de votre Royaume, même de tout ce que vous pouvez faire, car j'aimerais mieux mourir. Il n'y avait personne qui n'eût pitié de voir qu'il avait perdu son bon sens. Florent voyant que tous ceux qui étaient présens avaient un air affligé, dit aux Barons et Chevaliers : Seigneurs, venez vers moi, ôtez-moi mes habits et mes armes, remettez-moi entre les mains de mon père, car je ne veux pas que vous ayez aucun déplaisir pour moi, qui ai tout perdu ce que j'aimais. Les Chevaliers s'approchèrent de Florent et le rendirent au Roi Garin son père, qui le prit par la main et l'emmena fièrement, en lui disant qu'il allait le mettre dans un lieu d'où il ne sortirait de long-tems. Le Comte Pierre en eut bien du chagrin et n'osa pas dire un seul mot de plaintes; le Roi mena lui-même son fils à la grosse tour, où il le laissa pleurer la perte de sa chère Clairette, qui était enfermée dans une chambre de cette même tour. Florent entendit quelques tems après qu'il y fut entré, des pleurs et des lamentations, et il fit tant d'attention, qu'il reconnut la voix et dit : Grand Dieu ! quelle est la voix que je viens d'entendre ? il me semble que c'est celle de la personne que j'ai tant aimée; je vais écouter encore pour m'en assurer davantage. Clairette vint vers le mur qui était tout frais maçonné, puisque le mortier n'était pas même encore sec; elle fit tant avec son couteau, qu'elle parvint à en tirer une pierre, elle travailla tant qu'elle parvint à en sortir. Elle entra dans le jardin qui était auprès de la tour, aperçut un rosier, elle se mit dessous. Il faisait alors un beau clair de lune. Charmée de l'odeur douce et agréable que répandaient les roses, elle en cueillit une, et dit : Grand Dieu ! je voudrais que mon ami fut auprès de moi, je pense qu'il n'en est pas bien éloigné; mais s'il était auprès de moi, j'aurais bien du plaisir à lui présenter cette rose. Certainement je ne m'arrêterai point que je ne l'aye trouvé, et si je ne le pais, j'en mourai de douleur. Comme elle se parlait ainsi en elle-même dans le jardin, Florent qui était dans la tour, la reconnut et lui dit : O grand Dieu ! que viens-je d'entendre dans ce jardin ? C'est, lui dit Clairette, la voix de celle que tu as tant aimée, et qui t'aime toujours : j'ai réussi à me sauver de cette tour où j'étais enfermée, cher ami, rassurez-moi, ou je suis perdue pour toujours. Quand

Florent entendit la voix de sa tendre amie, il fut si satisfait qu'il oublia tout son chagrin, et fut ravi de savoir qu'elle n'était pas noyée comme son père lui avait voulu faire croire, il lui dit : Ma douce amie, en quel endroit pensez-vous pouvoir vous réfugier ? car, si malheureusement pour nous, le Roi mon père apprenait que vous êtes échappée de cette tour, il vous ferait mourir. Florent dit à Clairette, faites-moi le plaisir de me cueillir de ces fleurs et de m'en jeter ici, je serai assez consolé d'avoir dans mes mains ce que les vôtres auront touchées. Alors elle cueillit un bouquet de roses et d'autres fleurs, et les jeta à son ami par un grillage qui donnait sur le jardin, il les baisa plusieurs fois, et croyant pouvoir prendre la main de son amie, il vint à la fenêtre; mais il ne lui fut pas possible, car le mur était trop épais, dont ils furent tous deux bien fâchés. Comme ils causaient ensemble, il y vint des espions vers la tour, qui avaient été envoyés par le Roi Garin, pour savoir si Florent et Clairette ne seraient point aidés du Comte Pierre d'Arraugon; quand ils furent arrivés, ils prêtèrent l'oreille, et ils entendîrent Florent et Clairette qui causaient ensemble touchant leurs malheurs, et pleuraient. Ils dirent à ces amans infortunés de se taire, parce qu'on venait les épier, ils leur dirent : si malheureusement on vous aperçoit, votre mort est certaine, nous avons pitié de vous et prions Notre-Seigneur Jésus-Christ de vous garder, car nous ne pouvons vous aider en aucune manière. Florent et Clairette ne se dirent aucune parole, et s'éloignèrent l'un de l'autre; il y vint ensuite une autre sentinelle que le Roi Garin avait envoyé pour savoir qui était venu vers la tour pour consoler les prisonniers. Quand elle fut venue vers la tour, elle s'aperçut que Clairette était sauvée, et elle s'écria aussitôt qu'il n'y avait plus de prisonnière. Quand Clairette entendit cela, elle eut bien peur et s'éloigna de la tour le plus secrettement qu'elle put, et fut au bout du jardin où il y avait un rocher très-élevé, au bas duquel était un vivier bien profond, elle monta dessus, et dit : Ah !

Florent, mon ami, c'est aujourd'hui le malheureux jour de notre séparation, car il faudra que je meure.

Quand Clairette se vit seule sur le rocher, elle aperçut qu'il y avait dans le verger beaucoup de gens qui portaient des flambeaux, et qui la cherchaient, ce qui l'effrayait, parce qu'elle savait bien que sa mort était assurée si on la trouvait. Elle se mit à prier Dieu et la Vierge Marie de vouloir bien la secourir, elle disait ensuite : si j'ai le malheur d'être prise, on me fera périr dans les tourmens les plus affreux, mais puisqu'il faut absolument nous séparer, j'aime mieux me noyer que de me laisser prendre ; alors elle fit le signe de la croix, se recommanda à Notre-Seigneur et se laissa glisser du haut du rocher, mais elle tomba dans un grand buisson qui lui déchira les mains et le visage, de manière que le sang lui découlait tout le long du corps, qu'elle en ressentit tant de douleur qu'elle resta en foiblesse sur la place. La nouvelle que la prisonnière était échappée de la tour, fut bientôt répandue dans le Palais ; et dès que le Roi en fut averti, il en fut bien fâché, et jura que Pierre d'Arrangon perdrait sa terre et ses biens, puisqu'il avait favorisé la fuite de l'aventurière.

Comme la sentinelle trouva la Demoiselle qu'elle mena dans un bois, mit ensuite Florent dehors et lui montra l'endroit où il avait conduit sa maîtresse ; comme Florent et Clairette s'embarquèrent, et comme le Roi Garin fit prendre la sentinelle et rechercher son fils.

PENDANT que le bruit s'était répandu dans le Palais que Clairette s'était sauvée de la tour où elle avait été enfermée, la première sentinelle qui avait parlé à Clairette, se mit à la recherche dans le verger, elle la trouva qui était arrêtée dans un buisson en grand danger de se noyer. Cette sentinelle était un honnête homme très-compatissant, il sortit du verger, et vint le plus promptement qu'il lui fut possible au bord de l'eau, où il trouva un petit bateau dans lequel il entra, et vint vis-à-vis de l'endroit où était

Clairette, et lui dit : Ne craignez rien, si je puis vous aider en quelque manière, je le ferai du meilleur de mon cœur ; descendez dans ce bateau, je vous conduirai dans le bois que vous voyez, où vous vous tiendrez cachée jusqu'à ce que j'aie pu parler à votre ami, car s'il plaît à Dieu je l'emmenerai et le tirerai du danger où il est à-présent, en reconnaissance des services qu'il m'a rendus autrefois. Quand Clairette entendi la sentinelle lui parler ainsi, elle oublia tout le mal qu'elle avait ressenti, elle se retira du buisson le mieux qu'il lui fut possible, et vint au bord de l'eau, elle descendit ensuite dans le bateau, et elle la conduisit à l'autre bord et de là, dans le bois qui n'était pas éloigné de la rivière, et elle prit congé d'elle en lui disant : Belle, ne sortez pas d'ici que je ne sois revenu. Ami, lui dit Clairette, je prie Dieu que vous puissiez retirer mon amant du danger auquel il est exposé. La sentinelle rentra dans le verger, et fut aux écoutes auprès du Palais, où elle entendit un grand bruit, mais elle ne pensait pas à Florent, parce que la tour où il était, était très-forte, et que la chambre où il était enfermé, était éloigné du Palais, et donnait sur le jardin. La sentinelle vint au pied du mur, au-dessus duquel était la chambre de Florent, et elle lui dit : si vous désirez revoir votre amie qui vous attend dans le bois où je l'ai menée pour la sauver. Prenez ce pied-de-chèvre que je vais vous tendre, et travaillez à élargir le trou ; de mon côté je travaillerai tant, que nous viendrons à bout de notre entreprise. Quand Florent l'entendit, il fut bien satisfait d'apprendre que sa chère amie était sauvée, et il fit tant avec son pied-de-chèvre, qu'il fit une sortie suffisante par laquelle il passa et fut conduit par la sentinelle aux écuries du Roi, où il prit de beaux chevaux. La sentinelle qui désirait beaucoup rendre service au jeune Seigneur, fit si bien qu'il apporta à Florent son haubert, son écu, son haume, sa lance et une très-bonne épée ; Florent s'arma des pieds à la tête, et monta sur le bon cheval qu'il avait choisi dans l'écurie. Quand la sentinelle le vit monté sur son cheval, elle lui montra le lieu où elle avait laissé Clairette, puis elle quitta Florent, qui lui promit de la récompenser. Alors il piqua son cheval, et ne s'arrêta point qu'il n'eut trouvé sa chère Clairette qui l'attendait au bord du bois. Quand Florent fut arrivé, il descendit de cheval et vint embrasser sa chère amie, et voyant qu'elle était toute ensanglantée, il en eut pitié, et lui dit : Ma tendre amie, il est nécessaire que nous partions de ce lieu avant que le jour paraisse, ainsi préparez-vous et montez derrière moi; il l'aida à monter et partirent aussitôt. Quand ils furent un peu éloignés, Clairette regarda derrière elle et vit une grande foule de monde qui sortait de la ville, elle dit alors, il nous est impossible de nous sauver, et nous serons pris infailliblement; c'est maintenant qu'il faut nous séparer. Ils aperçurent la sentinelle qui les avait délivrés, se sauver à travers les champs, pour éviter la colère du Roi, qui la faisait poursuivre, et elle se sauva dans le bois. Florent qui connaissait parfaitement bien les chemins, parce qu'il avait chassé très-souvent dans ces lieux, prit un sentier qui les conduisit au port, où ils trouvèrent un vaisseau qui était prêt à faire voile. Florent fit descendre Clairette et descendit après de cheval, il la prit par la main, et vint avec elle parler au Patron du vaisseau, et ils le prièrent tant, qu'il les reçut sur son bord. Il fit mettre à la voile, et le vent qui était favorable, les éloigna bientôt de terre. Ils virent de loin la pauvre sentinelle qui se désolait sur le bord de la mer; il y était venu dans l'intention de rejoindre Florent mais il était trop tard, car le Roi Garin arriva avec un grand nombre de gens, et voyant le vaisseau qui s'éloignait, il dit : Mon fils est perdu pour moi, il est parti avec son aventurière; mais je jure que je ferai trancher la tête à la sentinelle qui les a délivré. Il la fit prendre, et le pauvre homme se voyant pris s'écria : Grand Dieu ! que je suis malheureux d'avoir secouru Florent et sa maîtresse; faut-il que pour cela je meure, voilà la récompense que je recevrai pour avoir sauvé la vie de mon Seigneur.

Des grandes contestations qu'il y eut au Palais pour la sentinelle que le Roi voulait faire pendre; comme le Roi de Navarre prit la ville et le Roi Garin, et partit ensuite.

QUAND Pierre d'Arrangon vit qu'on avait prit la sentinelle qui avait sauvé Florent et Clairette, il fut bien fâché de voir battre ce pauvre homme, il vint vers Garin et dit: Sire, vous voyez bien que vous n'avez pas raison de souffrir que l'on maltraite ainsi cette sentinelle. Vous voulez le faire mourir, mais si vous le faites, je ne vous servirai jamais, mais j'irai servir le Roi de Navarre, et je l'aiderai à vous faire la guerre. Quand le Roi Garin entendit les menaces que lui faisait Pierre d'Arrangon, il lui dit qu'il s'en repentirait.

La sentinelle se rendit vers le Roi Garin et se jettant à ses pieds, il le conjura instamment de vouloir bien lui faire grâce, mais il ne voulut point en entendre parler. Pierre d'Arrangon fut très-irrité de voir que le Roi était inexorable, la pauvre sentinelle regardait tristement autour d'elle, et engageait les assistans à prier Dieu d'avoir pitié de son âme; je meurs, disait-il, pour avoir délivré mon Seigneur. On rentra dans Courtouse, et la sentinelle fut mise en prison. Le Roi retourna au Palais, et Pierre d'Arrangon le suivit accompagné d'un grand nombre de Chevaliers qui lui étaient entièrement dévoués. Le Roi commanda qu'on fit un échafaud sur lequel il voulait faire trancher la tête à la sentinelle.

Quand les Barons entendirent les ordres cruels que le Roi venait de donner, ils demandèrent tous la grâce de la sentinelle, mais il ne voulut pas l'accorder, même à leur considération. Pierre, indigné de l'opiniâtreté du Roi, fit signe aux parens de la sentinelle, qui étaient cent cinquante, d'aller dans la tour, prendre des armes et de venir ensuite rompre les portes de la prison, de donner des armes à la sentinelle, et de s'en retourner ensuite au palais, et ils y vinrent. Quand le Roi Garin les vit armés, il s'écria à ses gens de prendre les armes et de se saisir de ceux qui étaient armés. Ils furent bientôt armés, croyant prendre la sentinelle, mais ses parens se jetèrent tous sur les gens du Roi, et ils les maltraitèrent tant, que ceux qui avaient eu le bonheur d'échapper au carnage, furent contraints de fuir, le Roi lui-même se sauva dans sa chambre. On apprit bientôt la nouvelle que le Roi était en danger de perdre la vie. Le peuple courut aussitôt aux armes pour secourir le Roi. Un espion vint raconter au Roi de Navarre, qui tenait la ville assiégée, l'émeute considérable qu'il y avait parce que le Roi Garin voulait faire mourir la sentinelle qui avait facilité l'évasion de Florent et de Clairette. Le Roi de Navarre apprit cette nouvelle avec une grande satisfaction, il fit aussitôt prendre les armes à ses troupes, il est, dit-il, tems ou jamais d'attaquer la ville, et voici la plus belle occasion de me venger d'un traître, qui a fait mourir ma sœur après l'avoir épousée; ils s'avancèrent tambour battant et étendarts déployés, pour faire le siége de la ville; mais quelques Arragonois vinrent au palais annoncer cette nouvelle. Aussitôt le Roi et ses Barons sortirent et marchèrent contre leurs ennemis qu'ils trouvèrent en ordre, et il y eut un combat très-sanglant.

Il y avait un si grand nombre de Navarrois, que les Arragonois furent obligés de leur céder la victoire et se sauver dans la ville, mais les Navarrois les suivirent de si près, qu'ils y entrèrent avec eux, et firent prisonniers tous ceux qu'ils rencontraient. Le Roi Garin se sauva dans une Eglise, et l'épée à la main, se défendait de son mieux contre ses ennemis, mais sa défense fut de peu de valeur, car il fut assailli par un trop grand nombre, et le Roi de Navarre ordonna qu'il fut fait prisonnier; Seigneur, dit Garin, c'est violer la sainteté du lieu. Le Roi de Navarre qui était homme juste, sentant la vérité, répondit: je veux récompenser cette action par une meilleure, si vous voulez accorder la grace à la sentinelle qui a délivré mon neveu, je sortirai de votre ville sans que personne de mes gens emporte aucune chose. Je le fais par amitié pour mon neveu, et je vous promets que d'un mois je n'approcherai de cette ville, mais aussitôt que le mois sera passé, je ne serai point content que je n'aye pris votre ville d'assaut et vous prisonnier, je veux venger la mort de ma sœur. Alors le Roi Garin lui répondit: Sire, je vous remercie et je pardonne à la sentinelle comme vous m'en avez prié. Mais quant à ce que vous me dites que vous prendrez ma ville dans un mois, quand nous serons là, avec l'aide de Dieu et de mes Chevaliers, je me défendrai du mieux qu'il me sera possible. Le Roi de Navarre sortit de l'Eglise, monta à cheval et sortit de la ville, attendant que tous ses gens en fussent dehors, et quand ils furent tous sortis, il se retira dans sa tente, et fit fermer le camp jusqu'à tems où le jour, que la trève devait finir, arrivât. Nous parlerons de Florent qui voguait avec sa chère Clairette.

Comme les Sarrasins prirent Florent et Clairette, après avoir tué tous ceux qui étaient dans le vaisseau, et les emmenèrent au château d'Anfalerne.

APRÈS que Florent fut parti de son pays avec sa chère Clairette, le Patron du vaisseau sachant que Florent était fils du Roi d'Arragon, vint auprès de lui et lui dit: Sire, le bien que je vois en vous, m'engage à vous dire ce que je ne dirais à tout autre: je vois bien que vous craignez que le Roi Garin votre père ne vous atteigne, rassurez-vous sur mon amitié et l'attachement que mes matelots ont pour vous, je veux qu'ils vous obéissent comme à moi-même. je pense que vous ne devez rien appréhender de la part de votre père, car nous en sommes bien éloignés. Patron, lui répondit Florent, je vous remercie de vos offres; tous les matelots s'efforcèrent de lui dire: Sire, ne refusez pas d'être notre maître et notre conducteur, si nous n'avions pas eu le vent contraire, nous serions encore plus éloignés. Seigneurs, dit Florent, je vous remercie de cet avantage. Ils passèrent la mer d'Afrique et arrivèrent vers l'île de Candie; un vent de tramontagne s'éleva avec tant de fureur, qu'il les poussa sur les côtes de Barbarie. Clairette fut saisie d'effroi, lorsqu'elle qu'elle vit que la terreur s'était répandue parmi les matelots, elle se mit en prières, invoquant le Seigneur d'avoir pitié d'eux. Florent voyant que sa maîtresse et les matelots étaient consternés, il les rassura du mieux qu'il lui fut possible; mais la tempête les jeta au port d'une ville nommée Anfalerue, et ils furent obligés d'y jeter l'ancre, à peine l'eurent-ils jetée, qu'ils virent venir à eux un vaisseaux et une galère sur lesquels il y avait bien quatre cents payens, dans le dessein de s'emparer du vaisseau. Le Patron du vaisseau les voyant venir, dit à Florent: Sire, nous sommes perdus, car nous allons devenir esclaves des Sarrasins. Florent dit au Patron et aux matelots, sachez que celui que Dieu veut aider, n'a rien à craindre, et que le grand nombre de gens que vous voyez, ne pourront nous faire aucun mal, si Dieu veut nous aider. Il s'agit de faire voir notre courage en défendant notre vie. Le Patron et les matelots lui répondirent: Sire, nous nous mettons à la garde de Dieu et sous votre conduite. Ils s'armèrent tous, et chacun se prépara à se bien défendre. Seigneurs, leur dit Florent, reprenez courage et que chacun pense à bien combattre. Le vaisseau et la galère des Sarrasins furent assez près, et les accablèrent d'une grêle de traits, et le combat commença. Ceux qui étaient dans le fort, leur lançaient des morceaux de fer rouges. Florent et ses gens se défendaient de leur mieux; il sauta dans le vaisseau des ennemis, et y fit un très-grand carnage; mais les Sarrasins vinrent à l'abordage de son vaisseau, et tuèrent d'abord le Patron, le reste de l'équipage subit le même sort. Florent vit en un instant son vaisseau criblé et rempli d'eau par les trous que les boulets avaient faits. Quand Clairette vit que le vaisseau prenait eau de toutes parts, elle aima mieux se jeter dans le vaisseau des Sarrasins que de périr en mer. Quand Florent vit que Clairette était dans le vaisseau ennemi, il y sauta l'épée à la main, et il frappait à droite et à gauche; mais le nombre l'emporta; ils le jetèrent par terre, ils lui lièrent les pieds et les mains. Florent se voyant pris, commença à regretter ses gens,

et il dit: Ah! mon père, si je suis malheureux, c'est par votre faute. Il regardait tristement Clairette que les Sarrasins maltraitaient. Clairette l'aperçut et tomba en foiblesse; Florent pleurait et l'embrassait tendrement. Les Sarrasins les remirent ensuite entre les mains du Gouverneur, qui voyant leur jeunesse, en eut pitié; mais il ne le fit pas paraître, et les emmena avec lui au Château, et les autres prisonniers furent mis dans une tour où ils eurent bien de la misère.

Comme Sorbare le Gouverneur reconforta Florent et Clairette; et des quatre vaisseaux chrétiens qui arrivèrent au port, et reconnurent Florent.

QUAND le Gouverneur eut emmené Florent et Clairette dans son Château avec lui, il leur dit: Mes enfans, vous me faites pitié, je vous prie de me dire qui vous êtes, et par quel hazard vous vous trouvez dans ces lieux? si vous me dites la vérité, vous n'y perdrez rien; et je vous mettrai sous ma sauve-garde. Sire, dit Florent, je vous dirai toute la vérité, et ne m'écarterai pas d'un seul mot. Apprenez que je suis fils du Roi d'Arragon, que j'ai quitté en colère; il raconta ensuite son aventure telle qu'elle était, et dit au Gouverneur: Sire, je vous ai raconté au plus juste toute mon histoire, j'espère que vous voudrez bien prendre Clairette et moi sous votre protection, notre vie est entre vos mains; il se mit ensuite aux pieds du Gouverneur, mais Sorbare le releva et lui dit: Ne craignez rien, je vous sauverai, mais n'en parlez à personne; il appela aussitôt quatre de ses sergents et leur dit: Je vous recommande de ne pas maltraiter ce jeune homme et cette Demoiselle, et de leur donner tout ce qui est nécessaire à la vie, comme on m'a fait quand je fus prisonnier à Tarragone. Sorbare dit ensuite à Florent, sachez que je fus autrefois Roi de Bellarmin; il arriva que combattant avec Emery de Narbonne, je fus pris par Regnault de Beaulande, dont on m'a tant parlé; il me fit conduire prisonnier à Bordeaux, où je vis un noble Prince nommé Huon, qui avait épousée la noble Esclarmoude, fille de l'Amiral Gaudisse ; ils avaient une petite fille qu'ils devaient bien aimer, car quoi-qu'elle n'eût que six ans, elle était aussi belle que l'on puisse en voir pour son âge. J'ai ouï dire depuis que plusieurs Rois et Princes étaient venus à Bordeaux pour l'avoir en mariage ; je me suis sauvé ensuite vers mon oncle, qui me donna cette place en garde. Comme j'ai été bien traité chez les chrétiens, je veux que vous les traitiez de même. Sire, répondirent les sergents, nous exécuterons vos ordres. Ils emmenèrent alors Florent et Clairette dans une tour, et ils furent mis chacun en une chambre séparée. Quand Clairette se vit séparée de son ami Florent, elle versa des larmes, et dit : Huon, mon très-cher père, et vous Esclarmonde ma mère, je ne puis être que mécontente de l'amitié que vous avez eu pour le Roi Obe-ron, ce qui est cause que je vour ai perdu tous deux ; vous m'avez adandonnée, et je me trouve réduite dans une prison. O Roi Oberon ! que de malheurs vous me prépariez lorsque vous donnâtes votre Royaume à mon père, je voudrais voir la ville de Montmur, où sont mon père et ma mère. J'ai perdu la fleur de mes amis, je vois bien qu'il me faudra mourir de chagrin dans cette prison. O mort ! que ne me prenais-tu lorsque j'étais encore jeune à Bordeaux. Je me recommande à Dieu et à sa Mère, afin qu'ils aient pitié de moi. Elle disait ensuite, plût à Dieu que je fusse auprès de mon cher ami, il adou-cirait par sa présence mon ennui et mes chagrins. Le Gouverneur a bien mal fait de nous séparer l'un de l'autre. Si le père de Florent savait de quelle famille je suis, il ne refuserait certainement pas de me marier avec son fils ; mais quelques peines que je doive souffrir, il ne l'apprendra pas de moi. Florent qui était dans une chambre au-dessus, et qui avait entendu tout ce que Clairette avait dit, l'en aima davantage. Florent se mit à une fenêtre, et regarda Sorbare qui se promenait dans la cour, il le pria d'avoir pitié de la Demoiselle qui était dans la tour. Ami, lui dit Sorbare, ayez un peu de patience, et avant que la nuit soit venue, je vous délivrerai ; car pour

l'attachement que j'ai de vous servir, je quitterai la loi de Mahomet, et je croirai à la loi de Dieu, et quand la nuit viendra, nous nous embarquerons ; mais je ne puis me charger de vos gens qui sont dans la ville. Florent le conjura de faire tout son possible pour les délivrer. Le gouverneur jeta les yeux sur la mer, et vit venir de loin quatre gros vaisseaux qui portaient au moins deux mille passagers, qui venaient du Saint Sé-pulcre et avaient été poussés dans ce port par une tempête. Le Gouverneur retourna à la tour, et dit à Florent, vous voyez un grand nombre de gens qui viennent, il faudrait aller au port savoir ce que c'est. Sire, dit Florent, je suis prêt à vous suivre, et je me mets sous votre protection ainsi que ma mie ; il fit aussitôt sortir de sa chambre la Demoi-selle Clairette, Florent fut bien joyeux de la voir, et il lui dit : Ma chère amie, ne soyez pas fâchée et ne craignez rien, nous reviendrons bientôt, nous allons nous in-former quels gens viennent arriver au port. Sire, dit la Demoiselle, que Dieu vous conduise. Sorbare et Florent s'en allèrent au port, et virent que c'étaient des Chrétiens. Florent les salua, et leur dit : soyez les bien-venus, je vous prie de me dire d'où vous venez et ce que vous cherchez ? Le Patron du vaisseau répondit : Seigneurs, nous som-mes Français, nous venons du Saint Sépulcre; c'est pourquoi si nous vous devons quelque tribut, nous sommes prêts à vous satisfaire. Sorbare leur répondit, puisque ce n'est que par la tempête que vous vous trouvez à ce port, vous serez secourus. Je vous fais sa-voir que je crois à la loi de Dieu, quoique je n'y sois pas baptisé ; je vous dirai comme il faudra que vous vous y preniez, si vous voulez m'en croire, vous n'aurez qu'à venir avec moi dans ce palais, et je vous fournirai d'armes et de chevaux, et quand vous serez armés vous demeurerez dans le château, sans faire rien paraître, je m'en irai ensuite au port et je ferai bien radoubler un vais-seau qui y est, car il y a dans cette ville des prisonniers qui y sont depuis peu de tems, ils sont Français ; quand le matin sera venu, nous entrerons et mettrons le feu dans toute la ville, nous en emporterons le meilleur butin, et ferons prisonniers tous ceux qui se trouveront à notre rencontre; si après cela les Sarrasins nous viennent attaquer dans nos vaisseaux, il nous faudra défendre de notre mieux; mais il faudrait auparavant nous assurer des vaisseaux qui sont dans le port. Quand ils entendirent Sorbare le Gouverneur, ils louèrent beaucoup son avis, et furent tous d'avis de faire sa volonté. Le Gouverneur leur dit: Seigneurs, afin que vous croyez la vérité de ce que je vous dis, et que vous n'ayez aucun soupçon à mon égard, ce jeune homme pourra vous informer du tout.

Sire, dit le Patron, votre air nous manifeste beaucoup de franchise, nous nous mettrons tous sous votre protection; dites-nous, s'il vous plaît, quel est ce jeune homme que nous voyons auprès de vous? il me semble l'avoir déjà vu en quelqu'endroit. Patron, lui dit Sorbare, puisque vous désirez savoir qui il est, vous saurez qu'il se nomme Florent, qu'il est fils du Roi d'Arragon; et que poussé par la tempête jusqu'à ce port, il a été fait prisonnier avec une belle Demoiselle qui est dans mon château. Quand le Patron et ceux qui étaient avec lui, entendirent que c'était le fils du Roi d'Arragon, ils en furent tous bien joyeux, car ils étaient tous Arragonois, et députés pour aller le rechercher. Ils remercièrent Notre-Seigneur de cette heureuse rencontre, et dirent à Florent: Sire, nous devons bien remercier Dieu de vous avoir trouvé, nous sommes aussi très-surpris de ce que vous vous cachiez tant de nous; le Roi Garin votre père nous a envoyé pous vous rechercher, et nous n'aurions jamais eu le bonheur de vous retrouver, si le Ciel ne nous eût fourni cette occasion; d'ailleurs nous n'aurions pu porter aucunes nouvelles au Roi Garin votre père.

Comme le Gouverneur Sorbare et le noble Folrent avec leurs gens allèrent vers la ville, la prirent, enlevèrent tout le meilleur butin, et s'embarquèrent avec Clairette pour retourner en Arragon.

Le Patron et tous ceux qui étaient avec

lui, ayant reconnu Florent, ils furent si joyeux que Sorbare et eux ne savaient comment lui témoigner le plaisir qu'ils avaient de l'avoir trouvé; pendant que cette reconnaissance se faisait, un Sarrasin qui avait entendu le projet qu'ils avaient formé, parce qu'il comprenait le français, vint avertir les Bourgeois de la ville du dessein que le Gouverneur Sorbare avait projetté avec les Chrétiens. Quand les Payens et Sarrasins eurent entendu le rapport que le Sarrasin leur avait fait, ils coururent aux armes, et vinrent vers le château pour le prendre; mais leur attaque fut vaine, ceux qui étaient dedans firent pleuvoir sur eux une grêle de traits, et se défendirent si bien qu'ils les forcèrent de se retirer et de s'éloigner au moins d'un trait d'arc du château. Florent qui était dedans leur cria: Misérables, vous avez détruit tous mes gens; mais si Dieu me donne des jours, je vengerai leur mort. Quand les Payens et Sarrasins virent qu'ils ne pouvaient s'emparer du château, parce qu'il était bien défendu; ils craignirent que la ville ne fut prise et se retirèrent tous dans leurs maisons. Le Gouverneur qui les connaissait bien, dit à Florent: Seigneur, il serait à propos de monter tous à cheval, car les Sarrasins qui pour la plupart sont blessés, et se sont retirés dans leurs maisons; ainsi je serais d'avis que nous les attaquions vivement dans la ville.

Alors Florent et ses gens dirent au Gouverneur: Sire, votre avis est très-bon, nous sommes tous prêts à le suivre. Ils sortirent tous du château, Sorbare et Florent se mirent à leur tête; ils entrèrent dans la ville sans trouver de résistance, ils mirent le feu dans plusieurs endroits, et commencèrent alors le carnage le plus sanglant que l'on put voir; enfin, ils combattirent tant qu'ils firent beaucoup de prisonniers et s'emparèrent de la ville, ils délivrèrent ensuite leurs gens, qui furent bien réjouis de revoir leur Seigneur qu'ils croyaient mort; on fit un butin considérable qui fut partagé aux soldats, aussitôt que la ville fut prise, ils portèrent tout le butin dans leur vaisseau, et mirent le feu par toute la ville, et furent retirou la belle Clairette du château, qui fut ravie de revoir son cher ami Florent.

Sorbare qui désirait beaucoup partir de ce lieu, fit ramasser toutes les richesses qu'il y avait dans le château, et les fit porter dans les vaisseaux avec beaucoup de vivres et de tout ce qui était nécessaire. Florent prit Clairette par la main, et lui raconta comment le Roi Garin son père les avait fait chercher par terre et par mer, et que c'était de sa part, que ceux qu'elle voyait devant elle étaient venus ; quand Clairette entendit qu'il s'agissait de retourner vers le Roi Garin, elle fut bien fâchée, et dit : Mon ami, vous savez la haine que le Roi a contre vous et moi ; au nom de Dieu, je vous prie de me conduire autre part. Belle, lui dit Florent, ne craignez rien, car si vous eussiez voulu dire votre nom et votre origine, vous nous auriez épargné bien des peines et des chagrins. Sire, lui répondit Clairette, la chose n'est pas comme vous le dites. Florent lui dit : Je sais ce qu'il en est. On leva l'ancre et l'on mit à la voile. Le vent qui était favorable les éloigna bientôt de terre. Sorbare, content d'avoir délivré les chrétiens, et d'abandonner sa loi et son pays par amitié pour Florent, vint vers lui et lui dit : Vassal, je vous abandonne mon corps et mes biens, et vous promets de ne vous laisser qu'à la mort. Florent lui dit : Je vous remercie, je n'aurai pas un denier que vous n'y participiez. Nous parlerons dans le chapitre suivant du Roi Garin qui était assiégé par le Roi de Navarre son beau-frère.

Comme le Roi Huon de Bordeaux envoya deux de ses Chevaliers vers les deux Rois ; comme l'on vit paraître un grand nombre de gens entre les deux armées, de la paix qui fut faite, et comme Huon leur parla.

APRÈS que le Roi de Navarre eut fait prisonnier le Roi Garin, et qu'ils eurent assigné le jour auquel chacun d'eux devait montrer sa valeur, il arriva que deux jours auparavant que les secours fussent venus, les uns dans Courtouse et les autres vers le Roi de Navarre, qui menaçait beaucoup son beau-frère, parce qu'il était cause de la fuite de son fils Florent, il jura de le venger au péril de sa vie ; il rassembla tant de troupes que les vallées en étaient couvertes. La nuit auparavant le jour nommé, on entendit dans l'air une voix si épouvantable que la terre en trembla, et tant les assiégeans que les assiégés furent saisis d'une frayeur mortelle ; peu s'en fallut qu'ils ne quittassent le siège. Peu de tems après la voix prononça ces paroles : Vous Seigneurs qui êtes sur le champ de bataille, ne vous hâtez pas de combattre tant d'un côté que d'autre, car on vous enverra un tel secours, que vous serez également contens de part et d'autre ; on n'entendit plus rien, et tous ceux qui étaient dans le camp se mirent toute la nuit en prières, se recommandant à Notre-Seigneur qu'il lui plût de les secourir. Le Roi Garin fut aussi très-surpris d'entendre cette voix. Grand Dieu ! s'il fallait que tant de gens périssent par rapport à moi, je serais perdu à jamais ; hélas ! mon fils, que j'ai été mal avisé de vous avoir banni de mon Royaume, j'ai eu tort de vous avoir fait emprisonner, ce sera par ma faute si tout le pays dont vous devez hériter est détruit ; alors il tomba en faiblesse au milieu de ses Barons, ils crurent qu'il était mort, et se formèrent des regrets sur sa perte surtout dans une circonstance aussi critique ; le bruit de sa mort s'était déjà répandu, mais il reprit ses sens, et les Barons s'assemblèrent autour de lui et lui firent donner ce qui était nécessaire, ils entendirent la Messe, après laquelle on vit venir deux Chevaliers très-beaux, l'un était Gloriand et l'autre Malebron, ils étaient tous deux Chevaliers féés. Quand ils furent arrivés davant le Roi, ils le saluèrent humblement, et lui dirent : Sire, le Roi Huon de Bordeaux vous salue, il est le Roi de toute la Féerie, et il vient pour conserver vos terres, il est père de la noble Clairette que vous avez traitée d'aventurière et à cause d'elle vous avez banni votre fils Florent, et il revient auprès de vous pour faire la paix entre vous et le Roi de Navarre votre beau-frère ; alors s'accomplira le mariage de Florent et de Clairette.

Quand le Roi Garin entendit les Chevaliers féés, il en fut si transporté, qu'il embrassa les Chevaliers et leur dit : Seigneurs, Seigneurs, sachez que je remets ma vie et mon Royaume entre les mains de Huon de Bordeaux, pour en faire à sa disposition. Les deux Chevaliers disparurent aussitôt; et on ne put savoir par où ils étaient passés. Le Roi Garin et ses Barons élevèrent les mains au ciel, et ils firent le signe de la croix en recommandant leurs ames à Dieu. Les deux Chevaliers féés retournèrent à Montmur, où ils trouvèrent le Roi Huon auquel ils racontèrent ce qu'ils avaient dit au Roi Garin de sa part; ils lui dirent le jour que les deux Rois avaient assignés pour la bataille, ils dirent ensuite à Huon : Sire, ayez pitié de Florent et de votre fille, qui sont actuellement sur mer. Huon leur répondit : sachez que bientôt je serai dans Courtouse avec un si grand nombre de gens que les vallées en seront toutes remplies, et si l'un des deux Rois voulait aller contre ma volonté, j'aurai bientôt fait de lui ôter tout ce qu'il pourra posséder, car je prétends que ma fille soit Duchesse de tout le pays de Bordeaux; je ne dois lui mieux exprimer mon amitié pour elle; il appela ensuite Esclarmonde et lui dit : Chère épouse, vous verrez aujourd'hui quelqu'un qu'il y a long-tems que vous désirez de voir, c'est votre fille Clairette que l'on ne peut voir sans l'aimer, je veux qu'elle reçoive des Chevaliers et des Dames, tous les honneurs qui sont dûs à son rang, car elle a souffert assez de misères et de tourmens. Le jour de la bataille était enfin arrivé, tout le peuple de la ville de Courtouse était en prières, les uns assistaient à la messe, les autres se confessaient pour aller à la bataille. Le Roi de Navarre ordonna à tous ses gens de s'armer et monter à cheval. Le Roi Garin monta à cheval et ordonna à ses Maréchaux de distribuer son armée sur trois lignes; on vit sortir de la ville plus de cinquante mille hommes, et il y avait beaucoup de Dames et Demoiselles qui suivaient leurs amis; ensuite venaient les Moines des couvens, portant des Croix et priant Dieu pour la conservation de leur Roi. Nous vous laisserons à parler des deux Rois qui étaient rangés en bataille, et nous parlerons du Roi Huon qui appela tous les Barons de Féerie; il y avait là Gloriand, Malebron, Esclarmonde et plusieurs autres Chevaliers. Huon parla, et dit : Seigneurs, vous savez que par la volonté de Dieu, le Roi m'a donné son Royaume et sa puissance dans toutes les Féeries du monde, où je puis faire tous mes commandemens. Ainsi je ne veux pas qu'il se passe rien de sanglant entre le Roi de Navarre et celui d'Arragon; ainsi, je me souhaite avec deux cents mille hommes armés comme il faut, et tous bien montés; j'en souhaite autant à pied, tous armés d'arc, et cent mille hommes vêtus de drap d'or et de soie; je désire aussi ravoir ma fille, que par ma faute j'ai abandonné; mon intention est de la marier avec son cher Florent, c'est déjà un très-vaillant Chevalier; je ne crois pas que l'on puisse en trouver un meilleur, je le souhaite avec Sorbare et ses gens au port de Courtouse. Je souhaite aussi ma tente dans la prairie qui est entre les deux armées; je veux qu'il y ait dessus un grand dragon de fin or. Il n'eut pas plutôt fait son souhait, qu'il s'y trouva aussitôt avec ses gens. Quand le Roi de Navarre vit tant de gens et de tentes, et qu'il vit le beau pavillon du Roi et un dragon d'or tout brillant, il fut très-surpris, il appela ses Barons et Chevaliers et leur dit : Seigneurs, voyez cette foule innombrable de gens, il me semble que je n'en ai jamais vu tant, et je ne sais ce que ce peut-être, il leur dit · Je vous prie d'aller voir quels gens ce sont, ce qu'ils cherchent, s'ils sont amis ou ennemis, et qui est-ce qui les conduit. Alors les Chevaliers répondirent : Nous n'irons pas, car nous ne savons pas s'ils sont vos ennemis; quand le Roi de Navarre entendit qu'aucun des Chevaliers ne voulait entreprendre d'aller voir l'armée, il fut bien fâché, comme il leur parlait, les deux messagers du Roi Huon arrivèrent devant le Roi de Navarre. Gloriand lui dit : Le Roi Huon nous mande que vous fassiez la paix avec le Roi Garin, car il veut marier sa fille avec Florent votre neveu. Quand le Roi de Navarre entendit les messagers, il fut bien content, il commanda à ses Barons d'aller avec lui vers le Roi Huon; ils le suivirent, et étant arrivés dans la tente du Roi Huon, ils le saluèrent humblement, et il leur rendit le salut, et dit au Roi de Navarre, soyez le bien-venu. Le Roi de Navarre lui répondit : Sire, je suis prêt d'exécuter tout ce que vous m'avez commandé par vos Chevaliers. Huon envoya chercher le Roi Garin, qui vint accompagné de mille de ses Chevaliers. En arrivant, il salua le Roi Huon et lui dit : Sire, soyez le bien-venu dans mon Royaume; je vous le remets pour en disposer à votre gré, et suis prêt d'exécuter tout ce que vous m'ordonnerez. Il raconta au Roi Huon tout le fait de la sentinelle et de son fils qu'il avait fait emprisonner, parce qu'il aimait la plus belle demoiselle que l'on puisse voir. Par amour pour elle mon fils est parti. Garin, lui dit Huon, sachez que vous les verrez bientôt tous deux ici, car c'est mon intention de les marier ensemble; cette Demoiselle est ma fille, apprenez qu'elle est née du sang royal, sa naissance lui a déjà coûté bien cher. Quand Garin entendit que Huon voulait marier sa fille à Florent, et qu'ils devaient bientôt arriver, transporté de joie, il se jeta aux pieds de Huon, et lui dit : Ah ! Sire, se pourrait-il faire qu'en mes vieux jours j'aurais la consolation de revoir mon fils, et que la noble Demoiselle à qui j'ai tant fait de peine, deviendrait son épouse. Huon lui dit : n'ayez aucun doute, car je n'aurai pas plutôt souhaité, qu'il se trouvera avec ma fille auprès de moi. Sire, dit Esclarmonde, faites que je revoie bientôt mon cher enfant; dans peu de tems vous le verrez, lui répondit Huon.

Comme Florent et Clairette arrivèrent auprès du Roi Huon; de la grande joie qu'il eut à leur arrivée; de leur mariage et de la paix qui fut faite entre le Roi de Navarre et le Roi Garin d'Arragon.

QUAND le Roi Huon vit Esclarmonde le prier instamment, il se laissa toucher, et dit : Ma chère fille, j'ai pitié de vous et de votre ami Florent, ainsi je vous souhaite tous deux avec vos gens au port, je veux que Clairette soit habillée aussi richement qu'une Reine qui sort de son Palais pour aller se marier, et qu'avec vous il y ait des Dames et Demoiselles des plus belles que l'on puisse trouver, et bien parées. Il n'eut pas plutôt souhaité, que l'on vit arriver les vaisseaux dans le port; Florent et Clairette étaient richement accompagnés avec des trompettes, tambours, luths, vielles et autres instrumens; toute cette musique était si charmante, qu'il semblait qu'on fut en Paradis.

Il y avait d'autre part des Dames et Chevaliers qui chantaient très-mélodieusement. Ils portaient des habits couverts de pierreries, qui éclataient à la lueur du Soleil. Il n'y a personne au monde, qui, s'il eut vu tout ce brillant cortège, n'eut pensé que la Cour du paradis était descendue sur terre. Florent était accompagné de trois mille hommes; Clairette était montée sur un beau cheval blanc, qui portait au cou des petites cloches d'argent. Le détail de cette marche brillante serait trop long à faire, je dirai seulement que Clairette était accompagnée de deux Fées, Morgue et Oriande qui chantaient agréablement.

Ensuite marchait Crussine avec un grand nombre de Fées, elles annonçaient toutes beaucoup de joie. Huon dit alors à Esclarmonde, ma chère amie, il est tems de partir, car je vois arriver ma fille avec Florent, ils ne sont pas loin d'ici.

Quand Esclarmonde entendit ce que lui venait de dire Huon, elle se sentit plus contente qu'elle ne l'avait jamais été, tant elle désirait de revoir sa chère Clairette. Elle partit la première en brillant accompagnement; Huon partit ensuite avec les deux Rois qui avaient leurs enseignes déployées, ils étaient suivis chacun de leurs gens. Les chemins en étaient tous couverts; c'était quelque chose de beau à voir, la satisfaction que l'on témoignait au sujet de l'arrivée de Florent et de la belle Clairette. Le Roi Garin ne pouvait contenir sa joie quand il vit tant de noblesse assemblée pour honorer l'arrivée de son fils Florent; il remercia

Dieu de tout son cœur. Ainsi comme vous voyez, les Rois et les Princes allaient au-devant, et en bon équipage; le son des instrumens ravissait tout le monde. La belle Clairette fut bien charmée de voir la Reine sa mère qui pleurait de joie de la voir, elle l'embrassa et la tint serré pendant long-tems dans ses bras sans pouvoir lui parler. Le Roi Huon de Bordeaux retira sa fille des bras de sa femme, et l'embrassa plusieurs fois. D'autre part le Roi Garin vint vers son fils l'embrassa et lui dit : Mon fils, je vous ai bien mal traité, je vous ai fait emprisonner à cause de cette aimable Demoiselle; je suis bien fâché de ce que le Roi de Navarre ait ainsi détruit mon Royaume que vous devez posséder. Sire, dit Florent, je vous prie de lui pardonner, il est mon oncle, et je suis très-satisfait que vous ayez la paix ensemble. Je vous prie de m'accorder cette aimable Demoiselle en mariage. Mon fils, lui répondit le Roi Garin, soyez assuré que vous l'aurez, car je pense qu'il n'y en a pas de plus noble en dix Royaumes. Florent remercia son père, et le Roi de Navarre son oncle vint l'embrasser et lui dit : cher neveu, je suis charmé de votre retour. Je suis bien charmé aussi, dit Florent, que la paix soit faite entre vous et mon père; en conversant ainsi, ils vinrent au camp, et dès qu'ils y furent arrivés, Huon appela les deux Rois et leur demanda s'ils voulaient s'accorder comme il leur dirait; ils lui répondirent qu'ils s'en rapporteraient à sa volonté, il leur dit qu'il voulait que la paix fût faite entr'eux; ils consentirent à sa volonté.

Huon appela ensuite Florent, et lui demanda le récit de ses aventures, et comment il avait été secouru par Sorbare le Gouverneur. Florent raconta tout ce qui lui était arrivé, ce qui amusait beaucoup les Rois qui l'écoutaient; ils en surent tous bon gré à Sorbare, ils le traitèrent bien et le firent ensuite baptiser. Huon appela les deux Rois et leur dit : Je veux que vous n'ayez aucune rancune l'un contre l'autre. Sire, lui répondirent les deux Rois, nous sommes prêts à vous le prouver, alors ils s'embrassèrent, cela fit plaisir à Huon et aux Barons

qui étaient là. Garin, dit Huon, dès maintenant je veux que votre fils ait ma fille en mariage, je leur donnerai les villes de Bordeaux, de Blayes, Gironville et tout ce qui en dépend.

Quand Garin entendit le Roi Huon, il le remercia de l'offre qu'il lui faisait pour son fils Florent; tous les Barons applaudirent beaucoup à ce mariage. Garin, charmé de toutes les bontés que lui témoignait Huon, lui dit : Sire, mon fils devient le vôtre, il ne peut être plus heureux; alors les deux pères étant d'accord, on fit fiancer Florent et Clairette, et ils furent mariés dès le même jour. Les réjouissances qui furent faites à l'occasion de ce mariage, durèrent pendant huit jours. Le Roi de Navarre donna son Royaume à Florent, pour en jouir après sa mort. Je ne ferai pas le détail des fêtes et des tournois que l'on fit pendant ces huit jours. Le Roi Huon donna à sa fille Clairette trente mulets chargés d'or et de grandes richesses; les Barons et le peuple vinrent vers Huon, le conjurant les larmes aux yeux de prendre pitié d'eux et de vouloir bien les dédommager des malheurs et des pertes que la guerre avec les Navarois leur avait causé.

Quand la noble Reine Esclarmonde entendit les plaintes des Barons et du peuple, elle en eut pitié, et embrassant son mari Huon, elle lui dit : Sire, je vous prie, au nom de l'amitié que vous avez pour nos enfans, d'avoir pitié de ce peuple, car il a mis toute sa confiance en vous. Huon lui répondit, je vais vous prouver toute mon amitié pour vous, alors il les fit tous mettre à genoux, et leur dit : Seigneurs, qui êtes ici assemblés, pour que vous croyez la vérité de ce que je vous dis, il m'a été accordé un tel pouvoir par le Roi Oberon, que je veux que tout le pays qui a été détruit et brûlé dans le Royaume d'Arragon, redevint dans l'état où il était auparavant, et que les châteaux et maisons soient meilleurs qu'auparavant que la guerre les ait détruits. Alors il fit le signe de la croix sur tout le peuple et le Royaume, il n'eut pas plutôt donné sa bénédiction, que les choses se trouvèrent dans l'état où il les avait annoncées. Dieu veuille conserver la vie du noble Duc Huon de Bordeaux.

Comme Huon et la Reine Esclarmonde s'en retournèrent; des présens qu'ils firent aux deux Rois et aux Princes qui étaient au mariage: et comme Clairette fut fâchée de leur départ.

HUON ayant fait sa prière et remercié Dieu de la grâce qu'il avait bien voulu lui accorder en présence du peuple, se décida à partir et fit préparer ses équipages, il fit des présens à tous ceux qui étaient auprès de lui, et surtout à Sorbare auquel il recommanda sa fille. Sire, dit Sorbare, l'amitié que j'ai pour vous, m'engage à ne la point quitter tant que je vivrai. Esclarmonde voyant qu'il fallait partir avec Huon et quitter sa chère fille, répandit des larmes, et lui dit: Ma chère fille, vous devez remercier Notre-Seigneur des grâces qu'il vous a fait de vous avoir sauvée des dangers auxquels vous étiez exposée, et de ce que vous êtes maintenant comblée d'honneurs et de gloire. Conservez toujours votre cœur à Dieu, soyez charitable envers les pauvres, aimez et honorez votre mari, et gardez-lui une fidélité inviolable; ressouvenez-vous de mes avis, car je n'aurai jamais le bonheur de vous revoir. Clairette ayant entendu les recommandations que lui faisait Esclarmonde, se mit à pleurer et lui dit: O ma très-chère mère! que votre départ et celui de mon père me fait de peine, plût à Dieu que je pusse passer le reste de ma vie avec vous; elles ne pouvaient se lasser de s'embrasser. Huon prit Clairette entre ses bras et l'embrassa plusieurs fois, parce qu'il savait qu'il ne la reverrait jamais. Esclarmonde pria Huon de leur faire une remontrance sur ce qu'ils avaient à faire. Dame, lui dit Huon, levez-vous: Florent, venez vers moi, je vous ai donné ma fille en mariage, ayez-en soin tant qu'il plaira à Dieu de vous la conserver. Il leur fit ses adieux, et il dit aux deux Rois qui étaient bien fâché de ce départ, qu'il leur recommandait d'être toujours amis. Il prit congé d'eux

et dit: Je me souhaite avec tous mes gens dans mon palais de Montmur; il n'eut pas plutôt souhaité, qu'il disparut. Les Rois et ceux qui étaient avec eux furent bien surpris, ils ne savaient que dire, et ils pensaient que ce fut un songe, si ce n'eut été les présens que le Roi Huon leur avait fait. Après le départ de Huon et d'Esclarmonde, le Roi de Navarre prit congé du Roi Garin et de Florent son neveu, qui le conduisit à quatre lieues de la ville; il retourna ensuite vers sa chère Clairette, et ils vécurent quelque tems en joie et en tranquilité; mais le Roi Garin qui était vieux, fut attaqué d'une grande maladie qui le conduisit au tombeau. Florent, Clairette et les Barons du Royaume le regrettèrent beaucoup, et couronnèrent Florent en grande solemnité. Au bout de quelque tems Clairette devint enceinte, dont Florent et les nobles du Royaume furent bien réjouis; enfin, le jour de ses couches arriva, et elle mit au monde une fille, dont elle et Florent furent bien joyeux; mais cette joie fut de bien peu de durée comme on pourra voir ci-après.

Comme la Reine Clairette accoucha d'une fille dont elle mourut; et comme lorsque cet enfant parvint à l'âge de quinze ans, son père la voulut avoir en mariage, ce qui causa bien du trouble.

LORSQUE Florent sut que sa femme venait d'accoucher d'une fille, il remercia Dieu, et fit baptiser cet enfant que l'on nomma Ide; la satisfaction de la Reine fut complette, mais de vives douleurs qui la reprirent, la firent descendre dans le tombeau. On apporta sa fille au Roi Florent qui fut bien satisfait de la voir, il demanda ensuite comme se portait sa chère épouse; on pensa bien qu'on ne pourrait longtems lui cacher la mort de la Reine, et on la lui annonça aussitôt. Il ne l'eut pas plutôt apprise, qu'il tomba en foible; on le croyait mort, mais quelque tems après il reprit ses sens, et s'écria douloureusement: Ah! ma chère amie, malheureux moment où vous êtes née; avec vous j'avais oublié toutes mes peines et malheurs. Mort cruelle! tu m'as

ravi

ravi ce que j'avais de plus cher au monde. Les Barons tâchaient de le consoler du mieux qu'il leur était possible ; ils regrettèrent beaucoup la Reine Clairette. Toute la ville était en deuil à ce sujet. Quand la mort fut annoncée, les Dames de la ville vinrent passer la nuit auprès du corps de la Reine. Le lendemain elle fut portée à la grande Eglise, où on lui fit tous les honneurs de la sépulture. Le Roi Florent reçut la visite des Princes et Barons du pays, mais rien ne pouvait calmer sa douleur et son chagrin, toute sa consolation était de voir sa chère fille, encore sa douleur se renouvelait-elle quand il la voyait. Elle fut si bien soignée qu'elle augmentait tous les jours en embonpoint et en santé, elle commençait à atteindre l'âge de quinze ans, et son père l'aimait si tendrement, qu'il ne pouvait se lasser de la voir, et il l'embrassait souvent en la serrant dans ses bras ; quand elle fut parvenue à l'âge de dix-huit ans, elle devint charmante et d'une rare beauté. Le Roi voyant que sa fille croissait en beauté et en talens, dit à ses Barons qu'il avait envie de se remarier s'il pouvait trouver une femme comme celle qu'il avait auparávant.

Les Barons furent bien joyeux d'apprendre que le Roi voulait se marier, mais ils ne savaient pas quel était son dessein ; ils ne l'eurent pas plutôt appris, qu'il en arriva bien du mal, car bien des gens y perdirent la vie, et beaucoup d'églises en furent détruites. Le Roi fit mander à tous les Barons de se trouver à sa Cour au jour qu'il leur assigna. Ils vinrent tous au palais le jour qui leur avait été prescrit. Le Roi les reçut assez bien, il les invita à dîner, après lequel ils le suivirent dans un jardin pour y tenir son conseil ; quand ils y furent tous arrivés, le Roi monta sur son siége et leur dit : Seigneurs, vous savez que je n'ai qu'une fille, elle m'a déjà été demandée par plusieurs Rois et Princes, mais je l'ai toujours refusée, pensant qu'elle était encore trop jeune ; je n'ai pas voulu me marier non plus, par amitié par sa mère, et je ne le ferai qu'en en trouvant une semblable à celle que j'avais. C'est pour cela que je vous ai fait venir pour vous faire savoir ma volonté. Les Barons lui répondirent : Sachez que dans toute la chrétienté, il n'y a point de femme de telle qualité qu'elle soit, qui ne se trouve trèssatisfait de vous avoir en mariage. Ainsi décidez-vous dans quel endroit vous vouliez que nous allions pour vous en trouver une. Seigneurs, leur répondit Florent, vous n'aurez pas grande peine, car la femme que je veux avoir n'est pas loin. Sire, dirent les Barons, daignez nous dire qui elle est ; le Roi leur répondit : c'est ma fille que je veux épouser, tant ses traits ont de rapport à ceux de sa mère que j'aimais passionément. Quand les Barons entendirent le Roi, ils se regardèrent les uns et les autres, comme s'ils n'avaient pas entendu ce qu'il venait de leur dire. Alors Sorbare qui était du conseil du Roi, dit : Sire, à Dieu ne plaise que cela arrive ; vous qui devez l'exemple à tous, vous vous rendriez par une telle action, indigne du trône que vous occupez ; le Roi piqué des remóntrances que lui faisait Sorbare, le regarda avec un air irrité, et lui dit : Sorbare, apprenez que si je ne vous avais pas autant d'obligation comme j'en ai, je vous ferais trancher la tête. Les Barons lui dirent : Sire, vous n'en ferez rien ; Sorbare vous a parlé comme un homme sage et prudent ; si vous ne suivez pas ses avis, vous n'êtes pas digne de porter la couronne ; ils ne lui en dirent pas davantage, tant ils le redoutaient. Quand le Roi Florent eut entendu la réponse de ses Chevaliers, il envoya chercher sa fille, qui, ne sachant pas la volonté de son père, vint auprès de lui avec un air riant ; le Roi l'embrassa tendrement. Elle ignorait pourquoi il lui témoignait tant d'amitié ; mais les Barons qui le savaient bien, disaient entr'eux : Ah ! mauvais père, tes pensées sont bien différentes de celles de ta fille, car si elle était seule ici, tu l'aurais bientôt déshonorée. Le Roi voyant sa fille Ide si belle, dit en lui-même qu'il mourrait de chagrin si elle ne devenait son épouse ; il lui dit ensuite : ma très-chère fille, vous avez perdu votre mère que je regrette beaucoup, mais vous lui ressemblez si bien, que lorsque je vous regarde, il me semble que je la vois, ce qui m'engage à vous épouser.

Du chagrin que ressentit la belle Ide, lorsqu'elle apprit que son père voulait l'épouser, et comme par le moyen d'une noble Dame et de Sorbare, elle partit à l'heure de minuit, et s'en alla à la garde de Dieu.

Quand la noble Demoiselle Ide eut entendu la proposition indigne que son père venait de lui faire, elle changea de couleur, et baissant la tête, elle dit en pleurant: mon père, quel est donc votre indigne dessein? Si l'on vous entendait, vous attireriez contre vous le blâme et l'indignation; alors elle voulait se lever, mais Florent la retint par la main et lui dit: Ma fille, ne refusez pas de faire à ma volonté, car j'ai beaucoup d'amitié pour vous. Alors tous les Barons dirent au Roi qu'il pensât à ce qu'il venait de dire, car on ne tiendrait jamais compte de lui. Quand le Roi entendit que ses Barons le détournaient de son dessein, il leur dit qu'il l'épouserait malgré eux, et que s'ils étaient assez hardis pour le contrarier, il les ferait tous mourir, et il les accabla d'injures. Quand la Demoiselle entendit son père ainsi parler aux Chevaliers, elle ne fut que trop certaine de la mauvaise volonté de son père, elle commença à pleurer en disant: Grand Dieu! il faudra donc que je sois déshonorée si mon père m'épouse, et nous courons risque d'être damnés tous deux. Elle forma dès lors le projet de s'en aller si loin, qu'on ne parlât plus d'elle. Le Roi la renvoya dans sa chambre avec ses Demoiselles, qui furent bien fâchées quand elles apprirent cette triste nouvelle. Le Roi leur ordonna de lui préparer un bain, parce que le lendemain il l'épouserait. Quand la Demoiselle fut dans sa chambre, elle appela une ancienne Dame qui était sa gouvernante, elle pria les autres de les laisser seules, feignant qu'elle avait envie de dormir; quand elles furent toutes sorties, elle se jeta aux pieds de cette Dame, les mains jointes et les larmes aux yeux, elle lui dit: Ah! ma très-chère Dame, je viens à vous comme une pauvre orpheline sans père, ni mère, car elle est morte, comme vous le savez, et mon père veut être mon mari, chose que je ne pourrai jamais supporter; daignez me conseiller ce que je dois faire pour m'éloigner de celui qui veut m'épouser. J'aime mieux m'en aller en pays étranger, et y vivre en pauvreté, que de passer mes jours dans l'horreur et dans le risque de me damner. Quand cette vertueuse Dame eut entendu les plaintes de celle qu'elle avait élevée, elle lui dit: Ma très-chère fille, l'amitié que j'ai pour vous, m'engage à vous secourir, comme autrefois Pierre d'Arrangon mon frère, qui délivra votre mère des mains des Sarrasins; pour moi je vous aiderai en dépit de votre père. Ide, satisfaite de la bonne volonté de cette Dame, l'embrassa et lui dit: Très-chère amie! que Dieu vous récompense du bien que vous me voulez faire, car je ne puis vous en récompenser moi-même. La Dame sortit de la chambre, et laissa Ide, plongée dans ses réflexions. Elle vint ensuite dans la chambre de Sorbare, qui était dans le palais, parce qu'il était du conseil du Roi. Elle salua Sorbare qui lui demanda le sujet de sa visite; elle le tira à l'écart, et lui raconta la demande que lui avait fait la Demoiselle Ide. Sorbare ne put retenir ses larmes, et pria ceux qui étaient dans la chambre, de vouloir bien sortir un moment, parce qu'il avait quelque chose de particulier à dire à cette Dame. Quand ils se virent seuls, ils convinrent entr'eux que la Dame lui porterait tous les habillemens qui conviennent à un homme, et qu'à minuit elle s'habillerait et viendrait vers les écuries du palais; je m'y trouverai et je lui donnerai le meilleur cheval. La Dame fut bien joyeuse de ce que Sorbare voulait bien se prêter à secourir la belle Ide; elle chercha des habits d'homme, et vint à la chambre de la Demoiselle, à laquelle elle raconta tout ce que Sorbare lui avait dit. Quand Ide entendit la Dame, elle fut satisfaite. La Dame lui dit ensuite, comme le Roi Florent votre père, vous a fait préparer un bain, afin que l'on ne s'aperçoive de rien, vous vous y baignerez avant les autres Demoiselles , vous ferez préparer votre lit , et quand vous serez dans votre chambre, vous nous ordonnerez de nous en aller au bain, et je les entretiendrai si long-tems, qu'il n'y en aura pas une qui n'ait envie de dormir ; pendant ce tems vous vous habillerez, vous prendrez cette épée et ces éperons, vous irez ensuite vers les écuries où vous trouverez un cheval tout prêt. Ide fit tout ce que cette Dame lui avait recommandé ; elle fut au bain, après qu'elle fut essuyée, elle ordonna à ses femmes de venir l'aider à se coucher, et quand elles furent toutes sorties, elle se releva, s'habilla en homme et mit l'épée à non côté, elle prit ses éperons et sauta dans le jardin par une fenêtre qui était très-basse; elle vint doucement auprès des écuries du Roi, où elle trouva Sorbare qui lui tenait un cheval prêt, sur lequel il avait mis un sac rempli de pain et de viande ; il avait mis ensuite deux bouteilles pleines de vin à l'arçon de la selle. Elle monta, sans rien dire, sur le cheval, et prit congé de Sorbare, qui lui dit les larmes aux yeux : Que Dieu vous conduise, ma chère amie, prenez par le chemin qui est à droite. Sire, lui répondit la belle Ide, que le Seigneur vous récompense de votre bon service. Ainsi s'en alla la sage et prudente Ide, pour ne pas commettre l'inceste que son père voulait exiger d'elle. Elle arriva dans une forêt, et y marcha pendant trois jours, sans tenir une route bien assurée.

Comme le Roi Florent fut bien courroucé quand il apprit que sa fille avait pris la fuite, étant déguisée en homme, et comme elle vint en Allemagne, trouva des voleurs dans une forêt, et alla comme Ecuyer offrir ses services à l'Empereur.

On a vu ci-devant que le Roi d'Arragon voulait épouser sa fille Ide, malgré la représentation de ses Barons et de son peuple; on lui annonça le lendemain l'arrivée du Roi de Navarre, il le reçut très-bien, et le conduisit dans son palais, mais à peine y furent-ils entrés, qu'on vint lui annoncer la nouvelle de la fuite de sa fille ; il ne l'eut pas

plutôt apprise, qu'il entra dans une telle fureur, que personne n'osait l'approcher, et même lui dire un seul mot. Il alla droit à la chambre de sa fille, où il trouva les Dames auxquelles il l'avait confiée, et il les aurait maltraitées, si le Roi de Navarre ne l'en eut empêché. Il blâma beaucoup son neveu quand il eut appris sa mauvaise intention. Il y vint ensuite un palfernier, qui dit au Roi qu'on lui avait pris son bon cheval ; alors comme un désespéré il ordonna qu'on allât après de tous côtés, et que celui qui pourrait la ramener ou en donner quelques nouvelles, aurait mille florins d'or. L'appat de la récompense en fit mettre beaucoup en campagne, pour tâcher de trouver la fille du Roi ; mais ils n'en purent rapporter aucunes nouvelles, dont le Roi fut bien fâché. La belle Ide après avoir beaucoup marché par le pays d'Arragon et de Lombardie, sans trouver aucune aventure digne d'être racontée, vint en Allemagne, où elle fut obligée de vendre son cheval, n'ayant pas d'autre ressource pour vivre elle fut contrainte de marcher et arriva à Basle, et y demeura quelque-tems, pendant lequel elle apprit que l'Empereur mandait des gens de tous côtés, pour le secourir contre le Roi de Castille qui lui faisait la guerre. Quand la belle vit que plusieurs nobles hommes se préparaient pour aller à Rome secourir l'Empereur, elle fut bien joyeuse et dit à son hôte que si elle avait son cheval et ses armes, elle irait à la guerre avec les autres ; elle pensa que l'Empereur de Rome, que l'on nommait Othon, lui ferait bon accueil, elle s'adressa à des Allemands qui furent bien satisfaits de la voir, parce qu'il leur semblait que c'était un jeune homme ; l'un d'eux l'appela et lui dit : ami, je désirerais bien savoir qui vous êtes ? Sire, lui répondit-elle, je suis à celui à qui mon service pourra plaire, car je voudrais servir un grand Seigneur ; il n'y a pas long-tems que j'étais en Arragon, où j'ai servi un grand Seigneur qui est mort. Je sais bien gouverner les chevaux, au besoin je conduirais un sommier, et si je me trouvais en bataille avec mon maître, il pourrait s'en trouver de plus foible que moi. L'Allemand lui répondit : Beau jeune homme, ce que tu dis prouve que tu as du courage, il ne peut en résulter que du bien ; mais dis-moi quel est ton nom ? Sire, je m'appelle Ide. Je vous retiens pour mon écuyer, et vous aurez soin de panser mon cheval ; je suis prêt à vous servir, lui répondit Ide. L'Allemand l'emmena dans son hôtel, ils y restèrent encore trois jours après que l'armée fut partie, et quand tous les équipages furent préparés, ils partirent pour Rome. Après quelques journées de marche, ils passèrent dans une forêt très-vaste et fort épaisse, dans laquelle étaient embusqués un grand nombre d'Espagnols, ils crièrent à mort quand ils virent venir les Allemands. Ide qui marchait devant, donna un tel coup d'épieu à un Espagnol, qu'elle le lui passa au travers du corps ; l'Espagnol tomba mort en le lui retirant. Les Espagnols se jetèrent sur les Allemands et les tuèrent presque tous. Quand Ide vit que son maître et ses gens étaient tués, elle prit la fuite par un petit sentier qui la conduisit auprès d'un rocher, où elle passa la nuit. Le lendemain matin elle avait une telle faim et une si grande soif qu'elle ne pouvait presque pas marcher, cependant elle fut obligée de pousser son chemin jusqu'à deux heures après-midi ; alors, regardant sur sa droite elle aperçut une troupe de voleurs qui buvaient et mangeaient ; elle avait une faim si grande, que bannissant toute crainte elle approcha vers eux. Quand ils la virent, ils dirent entr'eux : Ce jeune Écuyer est monté sur un très-beau cheval, et ce sera pour nous. Quand Ide approcha d'eux, elle les salua humblement, et leur dit : s'il vous plaisait de me donner à manger, je payerais bien volontiers mon écot ; ami, lui dit un des voleurs, y a-t-il quelqu'un avec vous dans la forêt ? Seigneurs, leur dit Ide. Dieu me conduit, alors l'un d'eux prit le cheval par la bride, et dit aux autres, tenez-le bien, et quant à moi, son cheval ne m'échappera pas. Quand Ide se vit ainsi assaillie, elle eut bien peur, elle n'osa pas se défendre, et elle leur dit : Seigneurs, que gagnerez-vous à me faire mourir ?

Prenez mon épée, je vous la remets, et faites-moi le plaisir de me donner à boire et à manger, car je meurs de faim ; alors le maître lui dit : Nous te donnerons à manger autant que tu voudras. Sire, dit Ide, je vous remercie, alors elle mangea avec eux, et quand les voleurs eurent mangé, ils dirent à leur maître qu'il avait mal fait de les empêcher de tuer l'Écuyer ; il leur répondit, que ce serait dommage de tuer un aussi bel homme, et qu'il valait mieux qu'il apprenne à dérober et tuer comme eux, et s'il ne veut pas le faire, pour lors nous le tuerons. Quand Ide entendit les voleurs, elle se recommanda à Dieu. Le maître lui demanda son nom ; elle lui répondit : Je me nomme Ide, nous sommes partis quarante Gentilshommes au secours de l'Empereur, qui est en guerre avec le Roi d'Espagne ; nous avons trouvés dans notre chemin des Espagnols qui étaient embusqués dans une forêt ; de tous mes compagnons je suis le seul qui ait pu échapper à leur fureur ; ainsi, Seigneur, rendez-moi mon cheval, et montrez-moi le chemin de Rome, vous me ferez bien plaisir. Non, lui répondit le maître, nous ne le ferons point, vous resterez avec nous, nous vous apprendrons à voler, et si vous résistez, je vous tranche la tête. Seigneur, dit Ide, vous me demandez une chose que je n'ai pas coutume de faire, et puisque l'un de vous me défie, qu'il vienne, et si je ne puis lui résister, faites de moi ce qu'il vous plaira ; je payerais trop cher votre dîner, si je vous abandonnais mon cheval.

Alors un des voleurs lui dit : Puisque vous êtes si hardi, je veux jouter avec vous, si vous m'abattez par terre, vous serez de notre compagnie, mais si je vous abats, je vous prendrai votre cheval, votre épée et vos habits.

Ide répondit qu'elle le voulait bien à condition qu'il ferait écarter tous ses camarades, amenez, lui dit-elle, mon cheval auprès de moi, apportez-moi mon épée ; quand les voleurs l'entendirent, ils ne purent s'empêcher de rire, ils se retirèrent et firent amener le cheval comme il avait été dit ;

alors Ide prit le larron par les cheveux, faisant signe de le renverser, mais elle le pressa si fort, qu'elle lui fit perdre la respiration, elle le jeta par terre d'une telle force qu'elle lui cassa les dents.

Ide voyant que le voleur était en danger de mourir, monta sur son cheval, tira ensuite son épée et leur dit: malheureux, je ne vous crains plus; alors tomba sur eux avec tant de fureur, qu'elle en mit quatre sur le carreau, quand elle vit qu'il était tems de partir, elle piqua son cheval avec tant de vivacité, qu'elle fut bientôt éloignée d'eux; elle marcha tant qu'elle arriva à Rome et vint loger près le Palais, où elle trouva l'Empereur et les Romains qui parlaient de la guerre. Ide étant arrivée, se mit à genoux devant l'Empereur et dit: Sire, je suis un Ecuyer qui vient d'Allemagne, où j'ai servi pendant un certain espace de tems, mais je n'y ai rien gagné, dont je suis bien fâché, c'est pourquoi je viens vous offrir mes services s'ils vous sont agréables.

Comme Ide fut retenue dans le Palais de l'Empereur, et comme Olive sa fille en devint amoureuse, pensant qu'elle fut un homme; comme le Roi d'Espagne vint attaquer la ville de Rome et fut fait prisonnier par Ide.

Quand l'Empereur entendit parler Ide, et qu'il vit qu'il avait le corps bien fait, il pensa qu'il n'avait jamais vu un plus bel homme, et comme Ide lui parlait, Olive sa fille arriva, et tous les Barons se levèrent devant elle; elle s'assit auprès de son père et fixa beaucoup le jeune Ecuyer, elle ne put s'empêcher de lui donner des louanges sur son courage et sa beauté; elle était elle-même si aimable qu'elle était adorée de tous ceux qui la voyaient. L'Empereur demanda à Ide comment elle avait nom et de quel pays elle était? Sire, je m'appelle Ide, et suis natif de Tarasconne, je suis parent du Duc Naimes de Bavière et d'Amaury de Narbonne; mais j'ai été banni de mon pays par les parens de Ganelon, et j'ai supporté depuis bien des peines et des misères. L'Empereur lui répondit: Ami, vous êtes de bonne famille, ainsi comme je vous crois courageux, je vous retiens à mon service. Sire, dit Ide, je souhaite de vous servir comme il faut. Ma fille, dit l'Empereur, j'ai retenu cet Ecuyer pour vous servir. Sire, dit Olive, je vous remercie humblement, car il a l'air bien né, je suis très-satisfaite de l'avoir. L'Empereur dit ensuite à Ide, mon ami, servez-moi bien et si vous servez bien ma fille, vous en serez récompensé. Sire, dit Ide, je ferai tant, moyennant la grace de Dieu, que je vous contenterai, quand la guerre viendra, je ne serai pas des derniers à la bataille, je sais bien trancher devant un Roi ou Reine, comme il convient. Ami, s'il est vrai, comme vous dites, que vous ayez autant de talent, vous pourrez rester à mon service. Ide remercia l'Empereur et demeura au palais, où elle s'acquitta si bien de son service, qu'elle se fit aimer de toutes les personnes de la cour, et surtout de la Demoiselle Olive, qui ne pouvait se lasser de la regarder, elle en devint éperduement amoureuse; quand Ide s'en aperçut, elle pria Dieu de lui faire la grâce de ne pas être reconnue ni pour homme ni pour femme; elle faisait l'aumône, allait fréquemment à l'Eglise, et priait Dieu de toucher le cœur du Roi Florent son père, qui était cause de ses disgrâces. Se trouvant un certain jour avec l'Empereur, elle lui dit: Sire, sachez que le Roi d'Espagne est entré sur vos terres avec une puissante armée, où il met tout à feu et à sang, et il est déjà péri beaucoup de Romains, il a juré sa foi, qu'avant un mois il sera dans Rome avec toute son armée, il a dit qu'il vous ferait mourir et jouirait de votre fille que vous lui avez refusée: j'aimerais mieux qu'il l'eût épousée, que de faire mourir tant de gens et de détruire tant de villes et de châteaux. Quand l'Empereur entendit cette nouvelle, il dit à Ide: Mon ami, daignez me conseiller, car je ne pensais pas que ces gens dussent venir sitôt m'attaquer. Sire, lui répondit Ide, ne vous troublez point, au contraire, rassurez-vous, car vous aurez sujet de vous réjouir avec vos Barons; donnez-moi la conduite de vos gens, j'irai au-devant d'eux, et je leur ferai payer le dégat qu'ils ont fait sur vos terres, si Dieu veut m'aider. L'Empereur voyant le courage de ce jeune Ecuyer, l'estima beaucoup, et lui dit : Je suis charmé de votre zèle, ainsi, je vous fais Chevalier et vous donne cette épée pour augmenter votre courage. L'Empereur lui mit l'épée et l'embrassa en lui disant : Souvenez-vous que je vous fais Chevalier, je prie Dieu qu'il vous accompagne dans la bataille, soyez prudent et vous vous en retirerez toujours bien. Sire, dit Ide, si Dieu veut me secourir, je combattrai si bien, qu'il n'y aura pas un Espagnol qui n'eût voulu avoir repassé la mer. Alors sans plus tarder, les Romains s'armèrent et commencèrent à sonner la trompette par toute la ville de Rome; l'infanterie et la cavalerie s'assemblèrent devant le Palais. L'Empereur leur dit : Je vous recommande d'obéir au Chevalier Ide, comme à moi-même; vous savez que je ne puis plus porter les armes, ainsi je vous ordonne de le regarder comme moi-même. Alors tous les Barons et le peuple lui dirent : Nous suivrons ses commandemens comme les vôtres. L'Empereur le fit armer richement, il lui fit amener un bon cheval sur lequel elle monta fort légèrement; elle était ornée d'un riche casque et d'un bouclier; elle prit ensuite un épieux qu'elle portait avec grâce; elle prit congé de l'Empereur et de sa fille, et sortit de la ville à la tête de l'armée qu'elle distribua en trois corps et donna la conduite des deux premiers à deux nobles Chevaliers qui savaient bien les gouverner; elle se mit à la tête du troisième, puis elle fit déployer les étendarts et marcha contre ses ennemis; les Espagnols croyaient avoir déjà remporté la victoire, parce qu'ils n'avaient encore trouvé personne qui leur eut résisté; mais ils se trompaient, car si Dieu veut aider Ide, avant la fin du jour, elle leur ôtera l'espérance de la victoire. Elle allait par les rangs encourageant les soldats; ils s'approchèrent des ennemis et firent fondre sur eux une grêle de traits. Ide vint l'épieu à la main contre le neveu du Roi d'Espagne et lui passa l'épieu au travers du corps, le Chevalier mourut sur-le-champ. Ide dit en elle-même, si vous voulez avoir l'Empire Romain, vous l'acheterez certainement bien cher; elle dit ensuite : Ah ! Dieu, je vous prie de vouloir bien aider cette pauvre fugitive; elle piqua son cheval et vint l'épieu baissé contre un Espagnol, à qui elle le passa au travers du corps et lui dit : Tu as fais une grande folie de venir si loin chercher ta mort.

Après ces exploits, elle renversait ce qui se trouvait sur son passage; tant que son épieu dura, elle s'en servit, elle prit ensuite son épée et aperçut un noble Espagnol qui était oncle du Roi, auquel elle donna un si grand coup qu'elle le fendit jusqu'aux dents, et lui fit mordre la poussière. Elle se mit ensuite dans la mêlée et frappait à droite et gauche; elle tâchait de détruire les chefs pour ébranler plus facilement les soldats. Les Romains de leur côté se défendaient si courageusement qu'ils mirent en fuite les Espagnols, et ils ne seraient jamais revenus, si le Duc d'Arragon n'eut amené avec lui trois mille hommes avec lesquels il ramena tous ceux qui fuyaient; la bataille recommença plus fort qu'auparavant; il y périt bien des vaillans Chevaliers. Les Romains s'alarmèrent, et l'on entendait par toute l'armée les cris douloureux de ceux qui étaient tombés et foulés sous les pieds des chevaux. Le Roi d'Espagne vint à la bataille l'épée à la main, et vit un Chevalier Romain qui était cousin de l'Empereur, et lui trancha la tête. Ide qui était là, fut si irritée, qu'animée par le désir de venger la mort de ce Baron, elle porta au Roi un si grand coup d'épée, qu'elle lui coupa les cheveux, le Roi se détournant un peu évita d'avoir la tête tranchée, car l'épée tomba sur le col du cheval. Les Espagnols pensant que leur Roi était mort, prirent la fuite, et le laissèrent étendu sur la place. Alors la noble Ide le prit par le casque, et le remit entre les mains de deux Chevaliers, qui le conduisirent par son ordre prisonnier dans la ville de Rome; ils le présentèrent à l'Empereur, qui remercia Dieu du moment auquel Ide lui avait présenté son service. Il fit mettre le Roi d'Espagne aux fers dans une forte tour avec les fers aux pieds. Enfin, par la valeur de la belle Ide, les Romains remportèrent la victoire, et ce qui resta d'Espagnols, fut trop heureux de prendre la fuite. Ide à la tête de son armée, les poursuivit jusqu'à leur camp, où il y en eut encore beaucoup de tués et d'autres faits prisonniers. On fit un butin considérable, qui fut partagé aux soldats; la joie éclatait par toute la ville, et l'on vantait partout le courage de la noble Ide. Olive qui était aux creneaux, et avait vu la victoire qu'Ide venait de remporter, sentit en elle même bien de la satisfaction, et dit tout bas : C'est celui-là seul qui aura mon amour, il le mérite à tous égards. Elle parlait ainsi, parce qu'elle pensait qu'Ide était un homme.

Comme l'Empereur de Rome reçut très-bien la noble Ide; des honneurs qu'il lui rendit en la faisant Connétable de son Empire, et comme il rendit la liberté au Roi d'Espagne.

APRÈS que la bataille fut finie et que le butin fut partagé, Ide, suivie des troupes Romaines, entra en grand triomphe dans la ville; aussitôt que l'Empereur apprit son arrivée, il vint au-devant, et les Officiers de l'armée lui racontèrent que c'était par sa valeur que cette victoire avait été remportée. L'Empereur en rendit à Dieu de grandes actions de grâces; Ide descendit devant le Palais, où elle fut bien reçue du Pape. Quand l'Empereur la vit, il vint au-devant et l'embrassa en lui disant : Ide, mon cher ami, je suis bien charmé de votre arrivée, vous avez si bien défendu notre Empire, que nous devons vous honorer, c'est pourquoi nous vous prions de vouloir être mon Connétable, et je vous donne le droit de commander dans tout mon Empire, je veux que tous mes Barons vous rendent hommage comme à moi-même. Sire, dit Ide, je vous remercie de tant d'honneurs, et je prie Dieu de me faire la grâce de continuer à pouvoir vous être utile. L'Empereur commanda ensuite qu'on amena le Roi d'Espagne devant lui, quand on l'eut amené, il lui dit : Roi d'Espagne, pour quel sujet êtes-vous sorti

de votre Royaume, dans l'intention de détruire mon Empire? Vous avez tué une grande partie de mes gens, et vous avez brûlé mes villes, dont je suis bien irrité; cependant nous ne vous avions fait aucun mal; mais avant qu'un peu de tems se soit écoulé, je punirai vos crimes en vous faisant trancher la tête. A ces menaces foudroyantes, le Roi tout tremblant, se jeta à genoux devant l'Empereur, le priant humblement de lui pardonner, qu'il réparera tout le ravage qu'il avait fait dans son Empire; il lui promit de plus, que si quelqu'un venait l'attaquer, il lui donnerait quinze mille hommes de troupes à sa solde. Ide s'approcha alors de l'Empereur et lui dit : Sire, je vous prie de faire la grâce à ce Roi, et de lui pardonner à condition qu'il tiendra les offres qu'il vous a faites; vous devez bien remercier Dieu de ce qu'il m'a fait la grâce de vous livrer un Roi tel que celui-ci. Vassal, lui répondit l'Empereur, je vous en sais bon gré, je suivrai votre conseil, car il me paraît très-bon. Quand le Roi d'Espagne entendit qu'il en serait quitte, il loua Dieu et rendit hommage à l'Empereur, il lui livra des ôtages pour affermir son serment et ses promesses; l'Empereur lui donna ensuite un sauveconduit pour retourner dans son pays. Le Roi d'Espagne remercia l'Empereur, et Ide s'en retourna dans son pays.

Comme l'Empereur maria sa fille avec Ide pensant qu'elle fut homme; comme elle fut découverte, et l'Empereur voulut la faire brûler.

QUAND le Roi d'Espagne fut parti de Rome, l'Empereur remercia Ide du bon service qu'il lui avait rendu. Olive sa fille en devint si amoureuse, qu'elle ne pouvait vivre sans la voir. Un jour l'Empereur assembla ses Barons et son conseil et leur remontra qu'il n'avait qu'une fille, et qu'il désirait la marier pour qu'elle lui donnât des successeurs qui possédassent ses terres après sa mort; il leur dit : Il me semble que l'on n'en peut point trouver qui lui convienne mieux que le noble Ide, il m'a rendu de grands services, ainsi il faut l'en récompenser; je ne crois pas que l'on puisse trouver un Chevalier qui soit plus courageux et qui mérite mieux de gouverner un Empire. Quand les Barons eurent entendu l'Empereur, ils se levèrent tous et applaudirent à son dessein. Alors le bon Empereur fit appeler Ide, il lui dit : Mon très-chère ami, pour les grands services que vous m'avez rendus, je veux vous récompenser comme il est juste, je crois n'avoir pas de plus beau présent à vous faire que celui d'Olive ma chère fille. je vous la donne en mariage, afin qu'après moi vous gouverniez mon Empire; comme je suis très-avancé en âge, je vous donne dès-à-présent le gouvernement de mon Empire. Sire, lui répondit Ide, que me dites-vous là? Sachez que je suis un pauvre gentilhomme, classé de mon pays, et je n'ai aucun bien; ce serait dommage que la fille d'un Empereur fut alliée à un homme aussi peu fortuné que je le suis. Sire, je vous remercie très-humblement, et vous prie de marier votre fille qui est belle, à quelque Prince puissant qui puisse vous donner des secours dans l'occasion. Comment, dit l'Empereur à Ide, vous osez refuser la main de ma fille, qui vous procurerait certainement beaucoup d'honneurs. Ide lui répondit : Puisqu'il vous plait de me faire cet honneur, je ne le refuserai pas, je vous remercie humblement de tant d'honneurs. L'Empereur fit appeler sa fille; qui vint aussitôt auprès de lui, car elle avait été avertie pourquoi l'Empereur l'avait mandée. Quand elle fut venue en sa présence, il lui dit : Ma chère fille, il faut me promettre de faire ce que je vous dirai. Sire, je ne puis rien vous refuser de ce qui peut vous faire plaisir. Ma fille, dit l'Empereur, je suis charmé de votre réponse, je vous ai fait appeler pour vous dire que n'ayant que vous d'héritière dans mon Royaume, je désire vous marier avec Ide, pour qu'il maintienne et défende mon Royaume, lequel vous devez hériter, je veux qu'il soit Roi et vous Reine après ma mort. Sire, dit Olive, je suis prête à satisfaire vos volontés. Je remercie Dieu des grâces qu'il me fait en ce jour, en me don-

nant celui que j'aime le plus au monde; elle se mit à genoux devant l'Empereur son père, et le remercia de sa bonne intention pour elle; elle se leva ensuite, et l'embrassa en lui disant : Mon très-cher père, je vous prie de ne point retarder notre mariage, car j'ai appris qu'Ide avait dessein de s'en aller. Quand les Barons l'entendirent, ils ne purent s'empêcher de rire; l'Empereur dit alors : approchez Olive, venez fiancer avec Ide votre futur mari. Pour les grands services que vous, Ide, m'avez rendus, je vous donne ma très-chère fille en mariage, et la possession de mon Empire après ma mort. Quand Ide eut entendu l'Empereur, tout son sang se glaça dans ses veines, elle perdit contenance et trembla de tous ses membres, elle priait Dieu de vouloir bien la conseiller sur ce qu'elle avait à faire. Elle disait en elle-même, je vois bien que je serai contrainte d'accepter la proposition; ah ! mon père, votre indigne amour pour moi, me cause bien des malheurs, je ne puis éviter d'être découverte par la fille de l'Empereur, et ne pourrai leur échapper. D'ailleurs, si je déclare que je suis fille, peut-être mandrait-il à mon père le lieu où je suis, afin qu'il m'envoye chercher; cependant puisque les choses sont poussées à un tel point, j'épouserai la fille de l'Empereur, et je posséderai son Empire, je ferai ce que Dieu me conseillera. Elle dit ensuite à l'Empereur, Sire, puisque c'est votre volonté de me donner votre fille en mariage, je suis prêt de l'accepter. On les conduisit alors à l'Eglise, où ils fiancèrent et furent mariés tout de suite, dont il y eut de grandes réjouissances dans Rome; au sortir de l'Eglise, ils retournèrent au palais, où l'on avait préparé un magnifique festin. Le détail des fêtes et des divertissemens qu'il y eut, serait trop long à faire; mais on peut dire avec vérité, que depuis la fondation de Rome, on n'avait point vu dans cette ville, d'aussi grandes réjouissances, comme il y en eut à l'occasion du mariage de ces deux demoiselles, dont on croyait que l'une était un homme. Quand on eut soupé, on conduisit dans leur chambre les deux demoiselles; on on coucha Olive; Ide ferma la porte, afin que personne ne put les entendre, puis, vint au lit et se coucha sur le bord, et dit à Olive, que Dieu vous donne une bonne nuit, mais n'attendez rien de moi, car je suis indisposé; elle embrassa Olive, qui lui dit : Mon très-cher ami, vous êtes maintenant ce que j'ai de plus cher dans le monde, et afin que vous ne pensiez pas que je désire que vous fassiez ce qui se fait entre l'homme et la femme, je suis contente de m'en déporter pendant quinze jours, car je vous crois si honnête, que je n'apréhende nulement que vous manquiez à la fidélité inviolable que vous m'avez jurée. Ide lui répondit: Belle, je voudrais bien pouvoir faire votre volonté; ils passèrent ainsi le reste de la nuit à s'embrasser. Le lendemain, ils se levèrent et on leur fit mettre de riches habillemens, puis ils vinrent au palais, et dès que l'Empereur vit sa fi'le Olive, il lui demanda, après l'avoir bien considérée, eh bien ! ma fille, comment êtes-vous mariée? Sire, lui répondit Olive, ainsi que je désirais, car je crois que j'aime Ide encore plus que vous qui êtes mon père. Cette réponse fit rire tous les Barons qui étaient assemblés. Les fêtes durèrent huit jours, et chacun se retira ensuite où bon lui sembla. Quand les quinze jours furent écoulés, Ide étant couchée avec son épouse, n'osait approcher d'elle; mais Olive fut bien fâchée, et dit tout bas : que je suis malheureuse de m'être attaché à un aussi bel homme ! puis elle s'avança vers Ide pour savoir le sujet de son silence. Ide se mit à pleurer et lui demanda grâce; elle lui raconta le sujet pour lequel elle avait déguisé son sexe; elle lui dit qu'elle était femme, et qu'elle s'était sauvée parce que son père avait voulu l'épouser malgré elle. Olive ayant entendu le triste récit de la malheureuse Ide, en fut bien fâchée, cependant elle la consola, et lui dit : Ma chère amie, ne craignez rien, car je ne vous accuserai pas, et puisque nous sommes épousées, je vous serai fidèle; je passerai ma vie avec vous, puisque c'est la volonté de Dieu. Comme elles parlaient particulièrement, il y avait dans une chambre voisine un jeune homme, qui ayant entendu leurs propos, alla aussitôt au palais, et rapporta à l'Empereur tout ce qu'il venait d'entendre. Cette nouvelle désagréable fâcha beaucoup l'Empereur, qui lui dit de prendre bien garde à ne pas se contredire dans une de ses paroles. Le jeune homme lui répondit : Sire, faites-moi trancher la tête, si la chose n'est pas comme je vous l'ai rapportée. L'Empereur voyant la fermeté avec laquelle le jeune homme soutenait ce qu'il avait avancé, fit appeler ses plus proches Barons et leur raconta tout ce qui c'était passé ; ils ne pouvaient s'imaginer que cela put être, à cause de son grand courage. L'Empereur pour mieux s'en assurer, imagina de faire préparer un bain, et quand il fut prêt, il envoya chercher Ide, qui ne se méfiait de rien ; quand Ide fut arrivée dans la chambre où était le bain, il lui ordonna de se deshabiller pour se baigner. Ide fut bien surprise et dit à l'Empereur : Sire, je vous prie de vous en déporter pour cette fois, je n'ai pas même coutume de le faire. L'Empereur lui dit qu'il ne se déporterait pas et qu'il fallait se deshabiller, car si ce qu'on lui avait dit était vrai, il la ferait mourir avec sa fille. Ide vit bien à ces paroles qu'elle était perdue, elle se jeta aux genoux de l'Empereur, en lui demandant grâce et le priant d'avoir pitié d'elle; alors il envoya chercher ses Barons qui se promenaient par le palais, et qui étaient tous bien fâchés du malheur de la pauvre Ide, qu'ils aimaient beaucoup par rapport à sa valeur. Ils vinrent auprès de l'Empereur, et y trouvèrent Ide qui était à genoux à ses pieds, et qui fondait en larmes; l'Empereur leur raconta toute la vérité du fait, pourquoi il fallut que justice en fut faite. Alors elle fut condamnée par tous les Pairs et Barons de Rome, à être brûlée. Ide était à genoux, attendant son jugement et ayant les mains étendues vers le Ciel, priant N. S. J.—C. de recevoir son âme dans son saint Paradis. Olive, après avoir perdue Ide, fut mariée à un Prince qui devint Empereur. On le nommera Ide, même fils du Roi Florent. Ils eurent un fils, dont il sera parlé dans la suite de cette histoire.

Comme le Roi Florent envoya deux de ses Chevaliers à Rome vers l'Empereur son fils, le priant de le venir voir, qu'il laissât l'Empire de Rome à son fils Croissant, et amenât avec lui Olive sa belle-fille.

L'Empereur et l'Impératrice voyant leur fils croître tous les jours en esprit et en talent, adressaient au ciel des vœux de remercîment, le priant de vouloir bien continuer de répandre ses bontés sur leur fils. Un jour de Pentecôte, comme l'Empereur tenait sa Cour pour célébrer la solemnité du jour, plusieurs Rois, Ducs, Barons et Comtes y étaient venus, et comme on était au milieu du dîner, il arriva deux notables Chevaliers, qui, quand ils furent entrés au palais, vinrent vers l'Empereur Ide, ils le saluèrent et lui dirent : Que Dieu garde et conserve le noble et puissant Roi Florent d'Arragon, de Navarre et Duc de Bordeaux ; et veuille conserver le noble excellent Empereur Romain son cher fils, et sa belle-fille l'Impératrice Olive. Quand l'Empereur Ide entendit parler de son père, il fut saisi de frayeur, il regarda attentivement les deux Chevaliers et leur demanda comment le Roi Florent son père s'était porté depuis son départ ; alors un des Chevaliers lui répondit : Sire, si je voulais dire dans quel désespoir était plongé votre père, je pourrais être trop long ; je vous dirai seulement qu'après que vous fûtes parti, il y vint des nouvelles que votre oncle le Roi de Navarre venait le voir ; votre père alla au-devant de lui, ils vinrent à Courtouse et descendirent au palais, où votre père apprit que vous étiez parti, il fut si irrité que personne n'osait l'approcher ni lui parler, il courait par le palais comme un désespéré, personne n'osa rester au château ; il fut attaqué d'une forte maladie qui le réduisit presqu'à la mort ; mais peu-à-peu ses forces revinrent et il se rétablit parfaitement. Le Roi de Navarre et plusieurs Princes l'engagèrent à demander à Dieu le pardon de ses fautes. Il reconnut son erreur, et le repentir de ce qu'il avait causé votre fuite, lui fit répandre un torrent de larmes ; dans ces entre-faites le Roi de Navarre fut attaqué d'une maladie si violente, qu'il mourut au bout de quatre jours, le Roi votre père le regretta beaucoup ; sa santé revint un peu, mais il est retombé depuis et il est dangereusement malade. On lui a rapporté depuis quelque tems toute votre aventure dont il a été très-satisfait, et il désire beaucoup vous voir, c'est pourquoi il nous a envoyé pour vous recommander comme à son enfant, que vous et votre femme quittiez ce pays et le laissiez à votre fils, en lui donnant des notables hommes pour le conduire, et vous passerez vos jours dans le Royaume d'Arragon qui vous appartient, ainsi que celui de Navarre et le Duché de Bordeaux ; vous voudrez bien, auparavant que je parte, me dire votre volonté, afin que je puisse en rendre la réponse au Roi votre père.

Comme l'Empereur Ide et sa femme firent à leur départ de Rome, de belles remontrances à leur fils, et comme ils arrivèrent à Courtouse auprès du Roi Florent qui les reçut comme ses enfans.

Après que l'Empereur Ide eut entendu raconter aux Chevaliers les tristes nouvelles de la dangereuse maladie de son père, les larmes lui tombèrent des yeux de pitié, et il leur répondit : Seigneurs, de votre arrivée et de vos bonnes nouvelles, je vous remercie ; je suis bien fâché de sa maladie, dont pour le reconforter et réjouir, vous retournerez vers lui, et lui direz que je me recommande à lui, et que vers la Saint Jean je serai chez lui ; les messagers entendant la réponse de l'Empereur, furent contens ; ils allèrent dîner, et revinrent prendre congé de l'Empereur, qui leur fit de beaux présens pour l'amour de Florent son père. Quand l'Impératrice entendit que son mari voulait quitter le pays où elle était née, et pour l'amour de son fils Croissant que tendrement il aimait, mais puisque le plaisir de son Seigneur était de faire ainsi, elle se contenta par elle-même, car elle l'aimait tant, que pour rien elle n'eut voulut contredire sa volonté ; les Barons du pays furent bien courroucés, mais ils se réconfortèrent le plus qu'ils purent pour Croissant que l'Empereur leur avait recommandé, puis il fit à son fils plusieurs belles remontrances et doctrines, il lui commanda d'être doux et courtois avec son peuple, et que de léger il ne crût, et que surtout, il n'écoutât les flatteurs ni le venin qui pouvait sortir d'eux, et fais-toi servir le gentilshommes qui soient partis de gens qui, en leur tems, aient eu bonne renommée; aime les Eglises, donne pour Dieu aux pauvres, que tes coffres et trésors soient ouverts à tes Chevaliers. Ainsi comme on voit, l'Empereur Ide remontra et dit à son fils Croissant, de notables enseignemens; puis quand il eut parlé à son fils, il appela ses Barons, et leur dit: Seigneurs, la plupart de vous sait que ma volonté est, que moi et ma femme allions par devers le Roi mon père, par quoi je vous recommande mon fils; je lui laisse de bien grand trésor, afin que si une guerre, ou autre affaire lui survient, qu'il fut pourvu d'argent, pour y obvier et aller à l'encontre de ceux qui voudraient faire du dommage à lui ou à son pays, aussi le Royaume d'Arragon n'est si loin d'ici, que tôt je n'en eusse des nouvelles. Quand les Barons entendirent l'Empereur qui avait entrepris de faire ce voyage, ils furent bien certain qu'ils ne pouvaient le détourner de son plaisir. Ils lui répondirent tous en général, qu'il pouvait faire sa volonté; qu'ils accompliraient son commandement, et serviraient son fils Croissant, et lui aideraient à garder son pays et ses terres, et les défendre contre ceux qui voudraient lui nuire. Après que l'Empereur eut parlé à son fils et à ses Barons, qui leur eut dit sa volonté, il fit préparer son train et prit avec lui grand nombre de Chevaliers pour l'accompagner, et fit appareiller deux gros vaisseaux qu'il fit charger de vivres et d'artillerie, telle comme il appartenait pour la défense de leur vie, et chargèrent dessus grands biens, robes et joyaux, puis prirent congé du Saint Père et des habitans de la ville, qui étaient très-fâchés de leur départ. Ils s'embarquèrent tous sur la rivière du Tibre, eux et ceux qui devaient s'en aller; au départ qu'ils firent, les pères prenaient congé de leurs enfans en les baisant tendrement. Lorsque l'Impératrice Olive vit qu'il fallait quitter son fils, elle se mit à pleurer amèrement, mais l'Empereur la consola du mieux qu'il put; ils montèrent sur leurs vaisseaux et voguèrent si bien qu'ils gagnèrent la haute mer, où ils naviguèrent tant de nuit que de jours sans dangers et sans fortune, qu'ils arrivèrent en la ville de Courtouse, où ils descendirent et furent reçus en grande joie; ils traversèrent la ville, et vinrent ensuite au palais, où étant montés, ils trouvèrent le Roi Florent qui était sur son lit, lequel quand il fut averti de leur arrivée, en eut grande joie, mais peu après l'Empereur et sa femme furent où le Roi était couché, ils se mirent à genoux devant lui, quand il les vit il ne leur put rien dire, alors leur fit signe de s'approcher de lui, ce qu'ils firent, il les baisa par grand amour, et leur dit, qu'ils fussent les bien-venus en son Royaume; si je vous parlais de leur grande joie, je pourrais trop vous ennuyer, par quoi retournons à parler du noble Croissant qui était resté dans Rome.

Comme le noble Croissant fut si large qu'il donna tout le trésor que son père lui avait laissé, si bien qu'il n'avait plus rien et fut contraint de chercher des aventures avec un seul domestique.

BIENTÔT après que l'Empereur Ide et l'Impératrice Olive furent partis de Rome, Croissant leur fils, crut et amenda en vertus, il se divertissait et prenait son plaisir en toute manière, il faisait crier joutes, faisait des présens aux Dames et aux Chevaliers. Nul ne parlait de lui qu'il n'emportât quelque don; il prenait plaisir à donner, il était aimé de tout le monde, mais plusieurs anciens disaient entr'eux: si Croissant notre jeune Prince fait ainsi longuement, le trésor que l'Empereur son père lui a amassé pourra bien diminuer, et ceux qui maintenant le suivent de si près, le laisseront aller et l'abandonneront quelque jour, ce qui arriva, ainsi que ci-après pourrez ouïr, car il donna à tel qui pour lors étant pauvre, quand il fut riche, ne lui voulut pas donner du pain à manger. Il fut si généreux que tout le trésor que son père lui avait laissé, il donna tant du sien qu'il se trouva sans aucun bien, et fut délaissé de tous ceux qui l'avaient servi. Comme il n'avait plus rien à leur donner, ils se tournaient d'autre part quand ils le devaient rencontrer, il s'en aperçut trop tard, et il en eut un si grand chagrin, qu'il voulait s'en aller du palais, afin de chercher aventure, car il vit bien qu'après avoir tout donné, il ne trouvait pas un homme qui voulut lui prêter un seul denier; de ce qui lui était resté, il acheta deux chevaux, monta sur l'un et fit monter sur l'autre son domestique, qui avait derrière lui une petite malle dans laquelle étaient ses habits, car il n'avait dans sa bourse que cent livres d'argent pour faire sa dépense. Un matin il sortit de Rome pour n'être point vu, et il marcha si bien par ses journées qu'il s'éloigna de la ville de Rome. Nous parlerons de lui quand il en sera tems.

Comme les Romains mandèrent au Roi de Pullie qu'il vint les gouverner, parce que Croissant qui était trop jeune, avait donné tout son bien; comme Guiemart vint et ils le reçurent pour leur Roi.

Après que les Barons et les Sénateurs de Rome furent avertis que leur droiturier Seigneur Croissant était parti de la ville et qu'il avait dépensé tout son bien, ils tinrent assemblée au Capitole, où l'un d'entr'eux dit : que maudite était la terre gouvernée par un Seigneur trop jeune, comme on a pu l'apercevoir par notre jeune Seigneur Croissant qui a tout dépensé et donné le grand bien que son père lui avait laissé; il disait qu'il aurait bien mal gouverné son pays, puisqu'il n'avait pu garder ce qu'il tenait si bien enfermé dans ses coffres. Et pour cela je suis d'avis que nous envoyons par devers le Roi Guiemart de Pullie qui a intention de nous venir assiéger, parce qu'il sait bien que nous sommes sans Seigneur, et pour ce sujet, mon avis est que par devers lui ambassade de noble soit envoyée le priant que vers la ville de Rome il voulut venir, qu'ils lui rendraient obéissance. Il vaut

mieux y aller à-présent, pour qu'il ne nous fasse aucun dommage. Ceux qui étaient-là l'approuvèrent, ils dépêchèrent vers lui, et il reçut très-bien l'ambassadeur, il vint à Rome où ils le reconnurent pour leur Seigneur. Auparavant son entrée dans Rome, ils allèrent au-devant de lui en grand triomphe et l'amenèrent dans la ville au son des trompettes qui marchaient devant lui jusqu'à ce qu'il vint descendre à l'Eglise de S. Pierre, et baisa les reliques, sur lesquelles il fit serment tel qu'était la coutume des Empereurs et des Rois, et de défendre et garder Rome et tout l'Empire, puis après il vint au palais, où il fut reçu en grande joie, des nobles et du peuple, et gouverna Rome en paix et bonne justice. Nous vous laisserons à parler de lui et retournerons au noble Croissant.

Comme Croissant vint à Nice en Provence vers le Comte Remond qui était assiégé des Sarrasins, de l'honneur qu'il lui fit en lui donnant son casque et le faisant Chevalier, et de la jalousie que le fils du Comte avait contre lui.

Après que Croissant fut parti de Rome avec son domestique, voyant qu'on ne tenait déjà plus compte de lui, parce qu'il n'avait plus rien du tout à donner, il traversa la Romanie et la Lombardie, et passa le Piémont et le Dauphiné; quand il fut arrivé dans la ville de Grenoble, on lui dit qu'il y avait en Provence un Comte qui se nommait Remond de S. Giles, qui était assiégé dans Nice par le Roi de Grenade et le Roi de Belmarin, lesquels nuit et jour donnaient de très-grands assauts à la ville, ils avaient juré et fait serment qu'ils ne partiraient point de là auparavant qu'ils n'eussent pris la ville, et eussent fait mourir le Comte Remond. Quand Croissant eut entendu ces nouvelles, il se rassura, reprit courage et se mit dans l'idée qu'avis lui était que les Sarrasins s'en iraient et leveraient le siége avant d'arriver. Après que lui et ses chevaux eurent mangés, il monta à cheval avec son domestique et ne cessa de marcher jusqu'à Nice où il n'arriva que le soir sans

être aperçu par aucun des assiégeans, car pour lors ils étaient retirés dans leurs tentes et pavillons, parce qu'environ deux heures avant que Croissant arrivât à la ville, les Sarrasins et ceux de la ville s'étaient escarmouchés, dont ils étaient tous bien las et accablés; aussi par le côté où Croissant arriva, il n'y avait aucuns Sarrasins, il fit tant qu'il vint à la porte, et cria si haut au portier qu'il le laissa entrer, voyant qu'il n'était que lui deuxième, et que c'était un Chrétien, le laissa entrer sans aucun refus; quand Croissant se vit dans la ville sans aucun danger, il fut content et arriva dans un des bons logis de la ville où il descendit et soupa avec son hôte, parce qu'il était déjà tard pour aller à la Cour. Il y alla le lendemain matin et y trouva le Comte Remond qui devisait à ses Chevaliers du fen de la guerre. Quand Croissant fut entré il salua le Comte et tous les Barons qui y étaient; le Comte voyant ce jeune vassal, le considéra et lui sembla que le jour de sa vie il n'avait vu de plus beau que celui qui l'avait salué, parce qu'il était puissant; il passa avant, vint prendre Croissant par la main, lui demanda qui il était et comment il avait nom. Sire, dit-il, mon nom est Croissant. Le Comte lui dit : je suis bien charmé de votre arrivée, cela me fait plaisir, car il est aujourd'hui nécessaire d'avoir avec moi un Chevalier pour m'aider. A votre air vous me semblez être un homme par qui grand chose devrait être faite, car de votre âge je n'ai point vu de vassal qui plus eut dû faire craindre si entre ses ennemis il se trouvait, pour ce que je vois à vos habillemens vous n'êtes pas chevalier, je vous ferai afin que votre prouesse soit connue; vous voyez que devant cette ville sont logés deux Rois qui sont ennemis de notre foi, lesquels au plaisir de Dieu j'ai intention que demain les combattrai; j'attends en cette nuit mon frère le Duc de Calabre, qui amène avec lui trente mille hommes et quinze mille que j'ai en cette ville, pourquoi, vu votre grand courage qui vous a engagé à me venir servir, tel honneur vous ferai, que je vous donnerai mon enseigne à porter, et si tant est que vous fassiez ce qu'il me plaira, vous n'aurez pas perdu vos peines. Sire, dit Croissant, Dieu me fasse cette grâce que demain à lui et à vous puisse faire tel service que ce soit le bien de la chrétienté et de vous, car jamais ne sera heure si par vous suis fait Chevalier, que tout le tems de ma vie ne me doive rebuter, alors le Comte appela son fils qui n'était pas encore Chevalier, ainsi que plusieurs autres, lesquels il fit Chevaliers, leur donnant l'accollée et dit à Croissant : Vassal, je prie Dieu qu'il te veuille donner telle force, que demain tu puisses gagner la bataille. Sire, dit Croissant, Dieu me fasse la grâce de vous récompenser de l'honneur que vous me faites aujourd'hui, car quant à moi, moyennant la grâce de Dieu, je ferai si bien demain, que vos ennemis maudiront l'heure qu'ils sont venus vous assaillir; ainsi comme ils étaient en devises, le Duc de Calabre entra dans la ville et vint descendre devant le palais, de la joie que le Comte eut, ne vous en ferai mention à-présent, mais il arriva si bien que ces Chevaliers nouveaux étaient au doublez et la quinzaine dressée où ils devaient aller s'éprouver. Le Duc de Calabre et le Comte Remond son frère les accompagnèrent, désirant de voir le meilleur assaut, le Duc demanda au Comte, qui était le jeune vassal qui auprès de son neveu chevauchait, parce que plus beau ni plus puissant avait vu. Frère, lui dit-il, comment était venu pour honneur acquérir, mais qui il était ni de quelle famille, il ne savait. Quand ils furent venus au lieu où la quinzaine était dressée, le fils du Comte prit sa lance et frappa contre l'estache un si grand coup que sa lance se brisa, puis les autres y vinrent qui tous essayèrent; les uns rompirent leurs lances, les autres tombaient par terre par la force de leurs coups; mais il n'y en eut aucun qui eut fait remuer l'estache. Quand Croissant vit que tous s'étaient éprouvés pour renverser entièrement l'estache, il avait pris une grosse et forte lance laquelle il baissa et piqua son cheval avec une telle force, qu'avis était à ceux qui étaient-là, que tout dût se rompre, il attaqua l'estache de telle force qu'il abattit tout en un tas, ceux qui étaient présens furent surpris, le Comte Remond dit au Duc de Calabre, quiconque plus beau coup n'avait vu, et que bien était à craindre celui qui ce coup avait fait, bien prise fut des Dames et surtout de la fille du Comte qui était belle Demoiselle, mais le fils du Comte en fut bien fâché et prit une si grande aversion contre Croissant, qu'il eut bien voulu courir sur lui pour le détruire. Quand Croissant eut frappé son coup, il s'en retourna vers le Comte, lequel lui dit doucement : Croissant, Dieu veuille augmenter votre valeur, mais je vous prie humblement que me veuilliez dire qui vous êtes et de quels parens, car je sais que vous êtes issu de noble famille. Sire, dit Croissant, puisque vous voulez savoir la vérité de mon fait, je vous la dirai sans rien manquer, sachez que je suis fils de l'Empereur de Rome, dont je suis parti pour un remord que je n'ai pu supporter, ainsi je vais par le monde pour chercher des aventures telles qu'il plaira à Dieu me les envoyer. Quand le Comte entendit Croissant il fut bien joyeux et en loua N. Seigneur, et lui dit : Beau-fils, soyez le bien-venu, j'ai une fille belle et aimable, je veux que vous l'ayez en mariage, et tant de terres et Seigneuries, que jamais n'aurez pauvreté. Sire, dit Croissant, si belle offre je ne veux refuser, mais avant que jamais je prenne femme, mon vouloir est de mon honneur exaucer, et que renommée soit de moi comme a été de mes prédécesseurs, et aussi que terres et Seigneuries aye conquise; après ces paroles dites, le Duc de Calabre et le Comte Remond prirent entr'eux deux, le valeureux Croissant par les mains, ils l'emmenèrent dîner au Palais; ils vinrent ensuite dans la salle où tous les Barons étaient, alors Croissant qui désirait se trouver en un lieu où son courage put briller, parla tout haut et dit au Comte Remond : Sire, vous savez déjà bien que les ennemis de Dieu et les vôtres vous tiennent assiégé en votre ville, et il est très-déraisonnable de les y souffrir si long-tems, sans leur avoir fait quelque tour ou attaque, et pour ce je conseillerais qu'avant

que je puisse connaître de votre état et de votre puissance, ni quels sont vos gens, il serait bon que dès maintenant nous les allions attaquer, ordonnez vos chefs et vos capitaines pour conduire et guider vos hommes, afin que quand vous serez sorti, leur ferez savoir votre venue, ensuite nous les suivrons de si près, qu'à grande peine leur donnerons-nous le loisir de se défendre. Quand le Comte Remond et le Duc de Calabre entendirent Croissant, louèrent son conseil, ils ordonnèrent leur fait et choisirent ceux qui devaient conduire les bataillons, ils sortirent ensuite de la ville avec leurs gens.

Comme Croissant gagna la bataille et par son grand courage périrent tous les Sarrasins dont le Comte Remond et son frère furent bien joyeux.

Quand le noble Comte Remond fut hors de la ville, il ordonna trois bataillons, il donna le premier à conduire à Croissant et lui dit : Vassal, je vous prie de montrer aujourd'hui que vous êtes issu de famille d'Empereurs Romains, et de la noble lignée de Huon de Bordeaux, car j'ai grande confiance en la force de votre bras, il me semble que mes ennemis sont déjà devant moi. Sire, dit Croissant, je ferai tant au plaisir de Dieu, que nos ennemis n'auront le loisir de disputer la victoire. Il donna le second à son fils, en le priant de montrer la valeur dont il était pourvu. Il conduisit le troisième avec le Duc de Calabre, chaque bataillon était de quinze mille hommes. Le Comte envoya un messager à l'armée des Sarrasins pour annoncer son arrivée, le messager ayant fait son message, retourna vers le Comte Remond auquel il raconta toute l'affaire; après que le messager eut parlé, Croissant dit : Sire, je vous prie de me dire quelles armes portent les Rois payens, afin que je les connaisse, car plutôt les chefs seront morts, plutôt leurs gens s'enfuiront; alors le Comte enseigna les armes des Rois à Croissant : Sire, dit-il, puisque j'en suis averti, jamais je n'arrêterai jusqu'à ce que je les aye rencontrés. Alors les Sarrasins qui virent bien venir les chrétiens, commencèrent à jeter un si haut cri, qu'il n'y eut si hardi qui ne fut surpris. Quand Croissant aperçut les Sarrasins approcher, il fit hâter la bataille et quand il fut prêt, il baissa sa lance qui était très-forte de laquelle il frappa le fils du Roi de Belmarin, tellement que sa lance lui passa outre le corps, il tomba mort par terre, quand Croissant eut tué le fils du Roi Belmarin, il vit devant lui le neveu du Roi de Grenade qu'il renversa par terre si rudement, qu'en tombant il se rompit le col, quand sa lance fut rompue, il mit l'épée à la main dont il abattait les Sarrasins et en faisait si grand carnage, qu'il n'y avait nul si hardi qui osât l'attendre. La nouvelle vint bientôt au Roi de Belmarin, que son fils était tué par un Chevalier, qui, par la bataille faisait merveilles. Quand le Roi entendit la mort de son fils, il fit serment qu'il aimait mieux mourir, que sa mort ne fut vengée. Alors il vint à la bataille, et trouva le Sénéchal du Duc, il le frappa de sa lance par l'écu, de telle force, qu'il ne le put garantir que tout outre le corps elle ne lui passât. Alors la bataille commença de nouveau, bien faisaient Provençaux et Calabriens, le Comte Remond se jeta dans la mêlée, il rencontra dans son chemin l'Amiral des Cordes, il lui donna un si grand coup d'épée, qu'il le fendit jusqu'aux dents, ensuite il vit le Roi de Grenade, qui faisait grand carnage de ses gens; le Comte Remond prit une lance, et vint à l'encontre, il l'assena sur la boucle de son écu, tellement qu'il tomba au milieu de ses gens, et le Comte l'aurait tué, si ses gens ne l'eussent secouru. D'autre part, Croissant vit venir devant lui le Roi Belmarin, qui le cherchait par les rangs, pour se venger de la mort de son fils. Quand il vit Croissant qui allait, confondant hommes et chevaux, et que nul n'était qui lui put résister, il s'écria haut à Croissant, et lui dit : O faux Chevalier qui à tué mon fils, bien dois louer Mahomet, si je puis m'en venger; alors il baissa sa lance et frappa Croissant au milieu de l'écu, de si grande force, que la lance rompit; pour la force du coup ne branla Croissant, comme si c'eut été un roche. Croissant, irrité du coup, abandonna la

bride de son cheval, et leva sa bonne épée dont il frappa le Roi sur le coin de son casque, qu'il l'abattit; tout le coup tomba comme la foudre, il atteignit le cheval de si grande force, qu'il le renversa par terre, et fut forcé au Roi de tomber. Il fut si étourdi du grand coup qu'il avait reçu, que s'il n'eût été aussitôt secouru par ses gens, le noble Croissant lui eut tranché la tête. Les Payens et Sarrasins remontèrent leur Roi et coururent sur Croissant pour le faire mourir, mais ils n'osaient l'approcher de près. Il aperçut le grand Amiral d'Espagne, et lui donna un si grand coup d'épée, qu'il le fendit jusqu'à la poitrine, et tomba mort entre les pieds des chevaux. Les Payens en eurent très-grand deuil, sur-tout le Roi de Grenade qui y était présent, lequel quand Croissant le vit, en fut joyeux, il approcha de lui et lui donna sur le casque un si grand coup, qu'il le fendit jusqu'à la poitrine, et tomba ledit Roi mort par terre; puis, vint à celui qui portait l'étendard des Sarrasins, auquel était peint le portrait de Mahomet, il lui donna un coup de revers de sa bonne épée entre le cou et l'épaule, tellement qu'il lui abattit la tête. Quand les Sarrasins virent leur Roi étendu mort, et l'étendard où ils devaient se rallier, renversé par terre, le courage leur faillit, et commencèrent à perdre place. Croissant qui ne pensait qu'à tuer et mettre à mort tous les chefs, vit passer devant lui le Roi de Belmarin, auquel il donna un si grand coup d'épée, qu'il lui abattit toute l'épaule, dont la grande douleur qu'il sentit, tomba tout pâmé entre les chevaux, où il mourut à grande peine. Le Comte Remond, le Duc de Calabre voyant devant eux les hautes actions que Croissant faisait, ils bénirent l'heure et le jour de sa naissance, remerciant Dieu de le leur avoir envoyé. Si du grand courage de Croissant je voulais vous parler, je pourrais être trop long; mais par son secours, les Sarrasins furent mis en déroute, et s'enfuirent vers la mer; ceux qui purent se sauver furent heureux, mais il en échappa bien peu. Après la bataille, les Provençaux et Calabriens vinrent au butin qui fut grand. Le Comte partit et donna tellement

ment, que chacun fut content, car tant de biens et de richesses y avait ès tentes des Sarrasins, qu'on ne pouvait nombrer, dont tous ceux qui eurent du butin furent bien riches.

Du grand honneur que le Comte Remond fit à Croissant en voulant lui donner sa fille en mariage, dont son fils fut jaloux et voulut faire mourir Croissant, mais il ne put, car Croissant le fit mourir et se sauva au plus vite.

APRÈS que la bataille fut finie, et que les Sarrasins furent morts, le Comte Remond vint vers Croissant; il le conduisit avec lui dans la ville, et le mit entre lui et le Duc de Calabre, et entrèrent en la ville, où ils furent reçus à grande joie; ils vinrent devant le palais, et montèrent à la salle, où tous se désarmèrent, ensuite le Comte dit tout haut : O très-noble Chevalier, rempli de courage, à qui nul ne doit se comparer, par ta vertu tu as sauvé une partie de la chrétienté, où la foi est exaucée, il n'est en moi de te pouvoir récompenser, cependant si tu veux t'abaisser à prendre ma fille en mariage, je te donnerai la moitié de tout mon bien. Quand Croissant entendit le Comte, il lui dit : Sire, de vos bontés et du présent que vous me voulez faire, vous remercie, quant à votre fille je lui ferai tant d'honneur que je la ferai Impératrice de Rome, où elle sera servie et honorée comme Reine de tout le pays. Le Comte fut bien content de la réponse de Croissant, mais son fils ne l'était pas; il dit en lui-même : Croissant, puisque par vous je me vois déshérité, et que mon père vous donne tout ce qui m'appartient, avant d'y consentir je vous ferai mourir si je puis; ainsi, comme on peut l'entendre, pensait le fils du Comte contre Croissant, lequel s'il n'est secouru de Dieu, est en danger de périr.

Le Comte Remond fut trouver sa fille, et lui dit : ma fille, sachez que vous aurez pour mari le plus hardi qui jamais ait porté l'épée, c'est le brave Croissant, lequel vous a retiré d'esclavage. Quand la pucelle ouit son père, elle fut bien joyeuse. Sire, lui répondit-elle, puisque c'est votre plaisir

qu'à ce jeune Vassal m'avez donné, je l'accepte volontiers et suis contente de faire votre plaisir, dont Croissant fut bien content; la pucelle humblement le salua et lui dit : Sire, de votre venue et secours sommes conteus, car par vous est rendue toute joie. Dame, dit Croissant, ainsi vont les œuvres de Dieu, les hommes font les batailles, mais Dieu donne la victoire, ainsi en conversant, ils entrèrent en une chambre où les tables étaient mises; mais Izachar, fils du Comte, n'y voulut pas entrer, il s'en alla dans un lieu secret de la ville, où il fit venir dix de ses complices auxquels il dit tout ce qu'il avait intention de faire, et qu'à l'heure que Croissant serait endormi, il viendrait le mettre à mort. Les dix larrons ayant entendu leur maître, répondirent tous qu'ils étaient prêts à faire son commandement, à tant se turent attendant que l'heure fut venue pour accomplir leur cruelle entreprise; comme ils en parlaient, il y avait en une chambre un jeune Ecuyer qui entendit l'entreprise, il revint et jura que jamais il ne s'arrêterait que jusqu'à ce que la chose fut racontée à Croissant, pour qu'il ne fut surpris. Il vint auprès de Croissant et lui fit récit de toute la trahison. Quand Croissant entendit l'Ecuyer, il devint plus rouge qu'un charbon et dit, que jamais il ne pourrait croire qu'une telle trahison fut tramée par un si noble homme, pour vouloir donner la mort à celui qui ne lui a pas fait de mal. Sire, dit l'Ecuyer, je ferai votre plaisir, si vous n'y remédiez vous êtes perdu. Quand Croissant l'entendit, il eut bien peur et dit en lui-même, qu'il n'en parlerait à personne, mais que si quelqu'un l'attaquait, il lui donnerait un si grand coup de son épée qu'il le tuerait. Après qu'ils eurent soupé, il y eut plusieurs ébattemens dans la salle, et ensuite le tems de se coucher étant arrivé, le Comte Remond fit conduire Croissant dans une riche et belle chambre en laquelle était un lit bien paré; Croissant vint dans cette chambre accompagné d'Ecuyers, qui, après qu'ils l'eurent amenés dans sa chambre, se retirèrent et le laissèrent tout seul avec son Ecuyer. Croissant le fit coucher dans un lit séparé du sien;

et ne lui voulut pas dire sa pensée; il lui recommanda seulement de ne pas se déshabiller, pour lui, il prit ses armes, mit son épée à son côté, et se coucha dans son lit, il se cacha bien afin que ses armes ne fussent pas aperçues par ceux qui devaient le tuer. Alors le fils du Comte entra dans la chambre tout armé et l'épée à la main, avec dix compagnons qui tenaient dans leur main chacun un grand couteau d'acier; alors le fils du Comte leva l'épée et frappa sur le casque de Croissant un si grand coup, que l'épée lui tourna à la main, il vit par-là que Croissant était armé, dont il fut bien fâché; alors les dix compagnons frappèrent Croissant, mais ils ne purent lui faire de mal. Alors Croissant, l'épée à la main, sauta sur eux, quand le fils du Comte le vit, la frayeur s'empara de lui, il crut frapper, mais il ne le put, car Croissant se mit devant lui et le frappa si rudement, qu'il le fendit jusqu'à la poitrine. Les autres qui étaient avec lui avaient tué l'Ecuyer de Croissant, dont il fut bien fâché; il attaqua en désespéré, et en tua cinq en peu de tems, et les autres se sauvèrent le plus vite qu'ils purent dans une chambre, sans oser y faire le moindre bruit.

Comme Croissant partit de Nice à pied, armé de son épée, et comme le Comte regretta son fils et fit poursuivre Croissant, mais ils ne le purent retrouver et s'en retournèrent

APRÈS que Croissant se vit ainsi entrepris, et qu'il avait massacré et mis à mort le fils du Comte Remond, il eut bien peur, car il savait que s'il était pris dudit Comte, il serait en danger de mourir, il partit vitement du palais, mais quand il vint aux écuries dans lesquelles était son cheval, il trouva une grosse chaîne de fer qui ferma la porte pour que la nuit on ne put les tirer dehors. Quand il vit cela, il fut bien surpris, et dit : O grand Dieu ! daignez m'aider de votre grâce, je ne vois aucun moyen par où je puisse m'empêcher de subir la mort; hélas ! je pensais être marié à la fille du Comte, mais la chose est différente, car j'ai tué son frère. Alors Croissant commença

à pleurer, et se mit à marcher dans la ville. Il ne s'arrêta pas qu'il ne fut parvenu à une des portes; il appela le portier, et lui dit d'ouvrir la porte qu'il avait besoin d'aller à ses affaires. Le portier qui était bien exact lui répondit qu'il perdait son tems, et que la porte ne serait ouverte que le Soleil ne fut levé; quand Croissant vit que par douce parole il ne voulait ouvrir la porte, il mit l'épée à la main et dit au portier : méchant homme, si incontinent tu ne me fais ouverture, de cette épée que je tiens, je te ferai mourir cruellement. Le portier apercevant que Croissant levait l'épée pour le frapper, eut peur et vint aussitôt lui ouvrir; mais il avait si peur qu'il tremblait de tous ses membres. Il lui ouvrit donc la porte sans résistance; ainsi, Croissant sortit tout désarmé, n'ayant mis qu'une robe dessous son habit de soie, et son épée qu'il avait à son côté, avec une bourse qu'il avait pendue à sa ceinture, en laquelle il y avait vingt sous de monnoie; ainsi il prit le chemin pour aller à Rome, mais avant qu'il eut marché deux lieues loin de la ville, les cinq larrons qui étaient dans la chambre, ayant appris que le Chevalier Croissant était parti, sortirent hors de la chambre, en faisant tant de bruit, que par tout le palais l'effroi s'éleva, et même que le Roi vint au palais l'épée à la main, et trouva les larrons qui lui dirent que pour quelques paroles que Croissant et son fils avaient eues ensemble, il survint un débat où votre fils a été tué par Croissant, qui, de fait, à pensée le fit, afin que de votre pays fut Seigneur, à cause de votre fille que vous lui avez promise en mariage, et nous n'avons pu venir à tems qu'il ne s'en fut, mais quand ce vint à la sortie de la chambre, il tua cinq hommes avec votre fils, lesquels n'étaient point armés, mais Croissant l'était et ressemblait à un terrible ennemi.

Quand nous vîmes que nous étions désarmés, nous tuâmes son Ecuyer. Quand le Comte entendit les larrons, pas n'était merveilles, il fut courroucé de la chose ainsi arrivée, il vit la chambre où son fils était étendu mort. Quand il l'aperçut, du grand chagrin qu'il en eut, il tomba pâmé auprès de son cher fils, puis quand il fut revenu à soi, il adressa sa voix au Ciel en disant : Croissant, que votre arrivée et votre secours me coûtent cher. Alors il ordonna à ses Seigneurs et Gentilshommes qu'ils se missent à courrir après le larron qui avait tué son fils, car si je puis le tenir, jamais de mes mains il n'échappera que je ne le fasse mourir. Alors de tous côtés s'armèrent les Seigneurs, même le Comte s'arma et monta sur le meilleur cheval qu'il y eut, il sortit de la ville avec ses gens, qui se dispersèrent tous parmi les champs, et demandaient à ceux qu'ils rencontraient, s'ils n'avaient point vu passer Croissant; mais ils eurent beau s'informer, ils ne purent en savoir aucunes nouvelles certaines; ils apprirent seulement qu'un homme l'avait rencontré à quinze lieues au-de-là, qui s'en allait en grande hâte. Quand le Comte entendit que sa peine serait perdue de faire plus de recherches, ils s'en retournèrent vers la ville de Nice, bien fâchés et indignés; le Comte sur-tout pleurait beaucoup la perte de son fils, même de Croissant; car, disait-il, c'était le plus hardi et le plus sage Chevalier que l'on put trouver au monde, et plût à Dieu qu'entre lui et moi fut fait un bon accord pour qu'il eût ma fille en mariage, et après moi mes terres. Il y eut plusieurs de ses gens qui lui dirent : Sire, laissez-le aller, car il ressemble mieux à un ennemi qu'à un homme, il est trop fière et trop cruel, il tuerait aussitôt un homme comme un autre boirait un verre du vin. Maudite l'heure où il est né ! alors le Comte Remond revint à la ville, en regrettant la perte de son fils, et même il regretta Croissant. Quand il fut descendu dans le palais, il fit enterrer son fils, et lui fit faire le service qui convenait. Le Duc de Calabre son frère, les Barons et Chevaliers qui étaient-là, furent bien fâchés, mais ils ne savaient comme la chose était allée; la fille du Comte Remond était inconsolable, tant elle avait aimée Croissant qu'elle croyait avoir en mariage. Je ne parlerai plus d'eux, et ferai mention de Croissant.

Comme Croissant arriva à une petite ville nommée Florencole, logea avec des larrons, qu'il tua dans une dispute, et se sauva; et comme il vint à Rome, où personne ne voulut lui donner un morceau de pain, et il fut obligé de coucher dans le vieux Palais sur une botte de paille.

QUAND Croissant fut parti de Nice, et qu'il se vit à pied, il pria Dieu de prendre pitié de lui, il marcha trois jours sans boire ni manger qu'un peu de pain et d'eau, il avait une faim si grande qu'à peine il pouvait se soutenir; il marcha si bien qu'il arriva à Florencole, il aperçut un hôtel qui ressemblait à une taverne, et dit que s'il devait être décapité, il entrerait pour y boire et manger, en payant son écot; il eut mieux fait de passer outre, car il allait se mettre en grand péril, comme l'on entendra ci-après; il approcha de l'hôtel et vit qu'on était fort occupé dans la cuisine, il vit dans une chambre où était allumé du feu, dans laquelle était six brigands qui étaient bien pourvus pour le souper. Quand Croissant vit cela, il entra et demanda si on le logerait bien? L'hôte répondit qu'oui; alors Croissant entra dedans, et les brigands vinrent auprès de lui, disant que bien était venu, ils se dirent ensuite, ce gros lourdaut nous est bien venu pour payer notre écot. Croissant leur demanda s'il pourrait souper avec eux; ils répondirent qu'oui, ils se mirent à table, et mangèrent; quand ils eurent soupés et se furent bien réchauffés, l'hôte dit qu'il était tems de compter; alors les brigands dirent : Dites-nous combien nous payerons par tête. Seigneurs, dit l'hôte, vous devez douze sols pour tous, pensez à payer ce que vous devez; le Capitaine des brigands appela Croissant, et dit qu'il fallait jouer aux dez pour voir qui payerait l'écot, Croissant répondit : Seigneur, il n'est pas nécessaire de jouer, car je paierai moi tout seul; les brigands dirent qu'ils étaient conteus et l'en remercièrent. Alors le Capitaine lui dit qu'il était très-bien arrivé pour eux, et qu'il convenait bien que par autre manière parlât, qu'ainsi ne pouvait échapper, dit à ses compagnons qu'il fallait lui faire laisser sa robe, l'autre brigand répondit, que ses bas et ses souliers lui convenaient pour le lendemain avoir du poccou. Quand Croissant entendit les brigands, il fut courroucé et leur répondit fièrement que leur parler laissassent, qu'il avait encore trois sols en sa bourse, et qu'il les donnerait auparavant qu'ils se courroussassent; alors les brigands répondirent que ses raisons ne lui pourraient servir nullement, et qu'il fallait absolument laisser sa robe. Alors Croissant transporté de colère, se tourna vers les dégrés d'une loge où était mise sa bonne épée, dont il fut bien joyeux, il courut en cet endroit, et la prenant il la tira vitement hors du fourreau et s'en revint vers les brigands, qui, tous les cinq sautèrent sur lui l'épée à la main. Croissant les voyant, ne fut point surpris, il leva aussitôt sa bonne épée et frappa le Capitaine sur la tête avec une si grande force, que ce brigand fut partagé en deux et tomba mort à terre, et puis il vint à l'autre auquel il emporta la tête de dessus les épaules. Alors l'hôte commença bien fort à crier aux larrons, au meurtrier, mais Croissant ne voulut lui faire ni mal ni douleur; à ces grands cris, tous ceux de la ville sortirent et demandèrent à l'hôte ce que c'était, il répondit, que c'était un grand larron fort et puissant, lequel avait tué ces hommes; alors le Capitaine commanda qu'on le suivit à pied et à cheval, ils partirent bien armés, mais le Capitaine ne risquait guères, parce que le premier ne voulait être, alors de tous côtés, à pied et à cheval poursuivirent Croissant, qui tenait le grand chemin, et outre cela, il y en avait assez qui ne s'échauffaient pas trop de le trouver, parce qu'à tel mal recevoir ils n'étaient pas bien pressés, ils craignaient même de le trouver. Croissant se voyant loin de la ville, commença à louer Dieu de ce qu'ainsi il était échappé sans avoir encouru de danger. Il marcha toute la nuit et toute la journée jusqu'au soir qu'il arriva dans un bourg, où il fut obligé de vendre son épée, parce qu'il n'avait point d'argent pour payer son écot. Il entra dans une auberge où il logea, et fut servi de tout ce qu'il demanda et voulut avoir, le lendemain matin quand il fallut partir, il vendit son aumônière, et en prit ce qu'il put en avoir; il marcha pendant tant de jours qu'il approcha de la ville de Rome, et vit une auberge où il se logea pour passer la nuit, et quand ce vint le matin, il demanda à l'hôte, à qui était la ville, et qui en était le Seigneur? L'hôte lui répondit, que celui qui en est le Seigneur se nomme Guiemart de Pullie; mais auparavant lui, nous avions un jeune Seigneur qui était fils du noble Empereur Idey, lequel vous ressemblait bien, mais fut tant de mauvais gouvernement qu'il dépensa tout le bien que son père lui avait laissé, il donna tant que rien ne lui demeura pour subsister; il m'a été conté depuis, qu'il est en si grande pauvreté que l'on ne sait si jamais il reviendra. Quand Croissant entendit son hôte, tristement il commença à se plaindre en disant : Hélas ! que deviendrai-je après avoir perdu mon bien sans aucune espérance. Néanmoins il ne manquait point le matin d'entendre la Messe, dont il y en eut assez de ceux qui le virent qui le reconnurent, mais pas un d'eux ne le fit paraître, ce qui le chagrina, car il se voyait réduit à la mendicité; il pensa qu'il vendrait sa robe, et qu'il ne se laisserait pas mourir de faim. Après que son argent fut dépensé, il s'avisa d'aller dans les rues, pour voir s'il trouverait quelqu'un à qui il eut fait du bien et lui demander quelque chose; étant sorti, il leva les yeux, et aperçut un bourgeois qui était à une fenêtre, et qu'il connaissait bien. Croissant se tira à part et salua le bourgeois, lui disant : Sire, ayez souvenir d'un pauvre malheureux, à qui fortune est contraire, et qui, autrefois vous a fait du bien. Quand ce bourgeois entendit Croissant, il le regarda fièrement et il le reconnut, il appela son domestique et lui commanda d'apporter un chaudron plein d'eau, le domestique fit ce que son maître lui avait ordonné; alors le maître prit le chaudron et jeta l'eau sur la tête de Croissant, dont son habit et sa chemise furent très-mouillés. Croissant, sans rien dire, se nettoya, puis dit au bourgeois, que s'il pouvait vivre long-tems, il lui ferait payer cette offense. Croissant qui était irrité, dirigea son chemin vers un vieux palais, où de long-tems il n'avait demeuré personne, dont les portes étaient fermées, il y avait deux bottes de paille déliées. il se coucha et s'endormit dessus, bien fâché contre le bourgeois qui l'avait ainsi mouillé. Le bourgeois vint vers l'Empereur Gniemart pour le flatter, il le salua en disant: Sire, je viens vous apprendre que Croissant, fils de l'Empereur Ide, qui, de droit doit être héritier de l'Empire que vous gouvernez, est arrivé tout nud dans cette ville, il est comme un mendiant, et parait si grand et si fort qu'il parait propre au combat plus qu'aucun autre homme, c'est pourquoi, Sire, si vous voulez suivre mon conseil, vous lui ferez trancher la tête, afin qu'on n'en parle plus. Quand l'Empereur entendit le bourgeois, il le regarda bien fièrement lui disant de se taire, et qu'il était un traître; je sais bien que par lui tu as été enrichi, et pour çe, dorénavant je te recommande qui si hardi ne sois de reparaître devant moi; si chose est qu'il soit pauvre, c'est dommage. Je lui ai fait tort de posséder ses terres, sans aucun sujet, et je m'en tiens coupable envers Dieu; c'est aujourd'hui Pâques, que tous les Chrétiens doivent s'humilier devant Notre-Seigneur, il est juste que je m'y rende, et que je fasse tant pour lui qu'il soit content de moi.

Comme l'Empereur dit au bourgeois qui s'était moqué de Croissant, il lui fit porter à boire et à manger; du trésor qu'il trouva en une chambre du vieux palais. et de ce qui lui fut dit par les Chevaliers.

ALORS que le bourgeois entendit l'Empereur, il eut bien peur, et s'en alla fort honteux, et eut bien voulu ne s'être pas hâté d'apporter ces nouvelles à l'Empereur, qui resta pensif pour la pauvreté où était Croissant; il descendit de son palais, vint se promener devant le vieux palais qui était près du sien, il regarda à l'entrée et vit un homme qui dormait, il pensa bien que c'était Croissant, car le bourgeois lui avait dit. Quand l'Empereur le vit, il en prit pitié, il revint dans son hôtel, et commanda qu'on lui apportât pain et vin, laquelle chose à son commandement fut faite, puis prit un bon manteau fourré de gris, et ordonna que nul ne le suivit: il vint au lieu où Croissant dormait, et lui mit le vin et la viande auprès de lui sans le réveiller, puis prit le manteau et en couvrit Croissant, et quand il voulut partir, il regarda à droite et vit une porte ouverte, il aperçut une grande clarté qui sortait du dedans, il retourna de ce côté et entra dans une chambre qu'il trouva grande et belle, il y vit ensuite une grande quantité d'or et d'argent, des pierres précieuses dont il fut bien étonné, il avança encore un peu et aperçut un image qui était d'or très-brillant, et aussi grand qu'un enfant de deux ans, et avait aux deux yeux deux escarboucles qui jetaient une si grande clarté, que toute la chambre était éclairée, il pensa l'emporter, et vit deux Chevaliers armés sortir de la chambre l'épée à la main, qui lui dirent: Vassal, prenez garde d'avoir assez de prudence pour ne pas toucher au trésor qui est ici, car il ne vous appartient pas. Seigneurs, leur dit-il, à qui appartient-il donc? A Croissant, qui est couché sur une botte de paille, il est pauvre et dénué; ainsi si vous voulez savoir à qui ce trésor appartient, prenez trois besans d'or que voilà, puis retournez à votre palais et faites crier que tous les pauvres viennent à votre cour, et qu'à chacun donnerez un florin, quand Croissant le saura, ne demeurera pas derrière, alors vous jeterez les trois besans d'or l'un deçà, l'autre là; alors Croissant viendra et trouvera les-dits besans, il vous les rendra, et par-là vous connaîtrez à qui le trésor appartient, ensuite vous lui donnerez votre fille en mariage, vous le conduirez ici, et verrez qu'au trésor il prendra ce qu'il voudra, car c'est à lui, et personne ne peut s'y opposer et l'empêcher de l'emporter. Ainsi, si vous faites ce que nous vous avons dit, vous aurez part audit trésor.

Comme les deux Chevaliers, gardes du trésor, dirent à l'Empereur Guiemart comme ils savaient que c'étaient Croissant ; comme Croissant à son réveil, trouva du vin et de la viande auprès de lui ; comme le Roi Guiemart l'éprouva et lui donna en mariage sa fille et ses terres ; et des réjouissances qu'il y eut dans Rome.

Un peu après que l'Empereur eut ouï les deux Chevaliers, il leur certifia qu'il ferait ce qu'ils avaient dit, il vint au mont d'or, où il prit les trois besans et les mit en sa bourse, après prit congé des deux Chevaliers, et en sortant vit encore Croissant qui dormait, il se donna grandes merveilles et passa outre, il vint en son palais où il trouva ses Barons qui lui dirent d'où il venait ? mais rien ne répondit. Après que les tables furent mises, il s'assit à dîner. Croissant, qui, dans le vieux palais était, s'éveilla et se donna grandes merveilles du manteau fourré qu'il trouva sur lui, puis il vis qu'auprès était une petite nappe dans laquelle étaient enveloppés pain, chapons, rôtis et perdrix, il vit ensuite une grosse bouteille pleine de vin, il loua Notre-Seigneur de cette aventure qu'il lui avait envoyée, il but et mangea à son plaisir et s'en alla sans rien emporter, pas même le manteau dont il avait été couvert qu'il n'osa emporter, et dit en lui-même qu'il n'avait rien ; il s'en retourna en la ville, et quand l'Empereur eut dîné, il appela cinq sergens auxquels il dit qu'ils allassent crier par la ville, que tous pauvres, qui, vers l'Empereur voudraient venir, auraient chacun un florin, valant dix sols, laquelle chose firent après lesdits commandemens. Par quoi tous les pauvres se retirèrent vers le palais. Croissant s'en fut aussi vers les autres pour avoir l'aumône, avec quoi il payerait son hôte, et pour ce, s'en alla hâtivement vers le palais avec les autres, et l'Empereur qui était là, attendant pour éprouver si ce que les deux Chevaliers lui avaient dit serait chose véritable, il tira de sa bourse les trois besans d'or qu'il jeta sur le chemin qui menait au palais, non pas tous ensemble, il

les dispersa çà et là, assez de pauvres passèrent par-là, mais ils ne les aperçurent pas, Croissant vint avec les autres, et aperçut entre les pieds des gueux les besans d'or, il les ramassa et voyant que c'était de l'or, il dit : Hélas ! si c'était de l'argent, il serait à moi ; mais c'est or, qui appartient à l'Empereur, ainsi je vais lui rendre, il s'en vint au palais et dit : Sire, je viens de trouver en chemin ces trois besans d'or que je vous remets, car ils vous appartiennent. Quand l'Empereur entendit le jeune Vassal, il lui dit : soyez le bien-venu, la loyauté qu'avez, vous aidera à mettre au lieu où par raison devez être ; car je vous donne ma fille en mariage, vous la prendrez à femme, et avec ce, vous rendrai la couronne de l'Empereur, qui de droit vous appartient. Croissant ayant entendu le Roi, fut bien satisfait, il s'agenouilla à terre et le remercia de l'honneur qu'il lui offait ; le Roi qui était prud'homme, le prit par la main et le releva ; il l'emmena dans une chambre dans laquelle il fit préparer un bain où il fit baigner Croissant ; quand il fut baigné, le Roi fit apporter et lui fit mettre des habits tels qu'il fallait à un homme de son rang. Lors le Roi Guiemart manda quérir sa fille par deux Barons qui dedans sa chambre étaient, laquelle vint au palais au mandement de son père, tout richement accompagnée des Dames et Demoiselles, qui étaient si richement accommodées que c'était merveilles.

Comme le Roi Guiemart fit promettre à Croissant que dans trois jours il épouserait sa fille ; comme le Roi Guiemart mena Croissant au vieux château et lui montra le grand trésor que les deux Chevaliers lui gardaient.

Or, quand le Roi Guiemart vit sa fille venue au palais, la prit par la main, et lui dit : Ma très-chère fille, je vous ai trouvé un mari auquel vous ai donnée, c'est le plus beau, le plus hardi et le plus vaillant Chevalier qu'on puisse voir ; c'est Croissant à qui cet Empire appartient, il est fils de l'Empereur Ide, lequel lui avait laissé cet Empire; mais Croissant partit de cette ville en petite compagnie, il alla servir en pays étrangers, et quand les Barons virent qu'ils étaient sans Seigneur, ils m'envoyèrent quérir et me reçurent Seigneur; mais puisque Croissant est de retour, pour acquitter mon âme, je lui remettrai son Empire en main sans en rien retenir, car je suis assez riche et puissant; ainsi, ma fille, si vous voulez vous épouserez ce jeune Vassal. Sire, lui répondit Croissant, si c'est son plaisir, j'y consens, car je n'en vis pas de plus belle; la Demoiselle entendant Croissant, fut bien joyeuse, elle le regarda et le trouva si beau, qu'elle fut bientôt éprise de lui; plus elle le voit, et plus elle désire son mariage. La Demoiselle parla au Roi son père, et lui dit : Puisque votre plaisir et volonté est, que j'aie Croissant pour époux, vous pouvez exécuter cette volonté, car folie ce serait de refuser cela, vous priant que le mariage soit hâté, car si je ne l'ai, je renonce à tout mariage, personne ne me mettra l'anneau au doigt, si de moi et de Croissant le mariage ne se fait. Quand le Roi entendit sa fille, il lui dit en riant : ma fille ne pensez pas le contraire; alors le Roi fit venir un Evêque qui, ensemble les fiança, et quand les trois jours furent passés, et que les provisions et appareils des nôces furent faites, le Roi Guiemart les fit prêter serment, et surtout fit promettre à Croissant qu'au troisième jour il épouserait sa fille; ce qu'il promit et jura. Alors, le Roi sans plus tarder, prit Croissant par la main et l'emmena jusqu'au vieux palais, pour savoir et éprouver si le grand trésor qui y était, pourrait être pris et emporté par Croissant, tout ainsi comme les deux Chevaliers lui avaient dit. Ils allèrent ensemble au vieux palais, quand ils y furent arrivés, le Roi parla à Croissant, il lui dit : beau fils, je vous aime, aussi vous me devez porter foi puisque vous épousez ma fille; mais comme j'ai confiance en vous, je vous dirai ce que j'ai en pensée, il est certain qu'il y a environ quatre jours, ainsi que de la Messe j'étais revenu, je m'appuyais à l'une des fenêtres de mon palais, je regardais l'endroit où nous sommes, je vis que vous dormiez accablé par la faim et la misère, alors pitié pour vous s'éleva en moi, et vous apportais vin et viande, et je les mis auprès de vous et vous couvris d'un manteau gris, puis je vous laissais tout ceci, car je n'avais pas envie de vous éveiller, et comme je pensai m'en retourner, je vis ouverte la porte de cette chambre que vous voyez fermée, d'où il sortait une grande clarté. Alors je m'avançais et j'entrais dedans, et vis un si grand trésor que jamais on n'en peut voir de plus considérable, puis je vis un image bien riche que je pensais l'emporter; mais, comme je le tenais déjà, deux Chevaliers bien armés s'avancèrent, dont je fus effrayé, ils me dirent, qui si j'étais assez imprudent pour y toucher, ils me feraient mourir; alors je leur demandais à qui était ce trésor? ils me répondirent que c'était à Croissant qui dormait; ils me commandèrent ensuite de prendre trois besans, pour éprouver à qui le trésor appartenait, et me dirent de faire une aumône aux pauvres, et de jeter les trois besans d'or dans le chemin par où les pauvres devaient passer, et que celui qui les trouverait et les mettrait en sa main, le trésor lui appartiendrait; ainsi je vous prie que nous y allions voir, pour savoir la vérité. Sire, dit Croissant, j'y consens. Ils vinrent à la porte et la trouvèrent fermée; alors Croissant commença à dire : Seigneurs, qui êtes ici, je vous prie de vouloir nous ouvrir cette porte; Croissant ne parla point que la porte ne fut ouverte; ils y trouvèrent deux Chevaliers l'épée à la main. Croissant et Guiemart entrèrent, les Chevaliers firent beaucoup d'accueil à Croissant, et lui dirent : Il y a long-tems que nous sommes commis à la garde de ce trésor; le Roi Oberon, en nous le confiant, nous a dit qu'il vous appartenait, et personne n'y a touché que le Roi Guiemart; vous pouvez le prendre et en donner à qui bon vous semblera. Croissant fut bien joyeux, remercia les Chevaliers de ce qu'ils lui avaient gardé ce trésor; ils partirent, en lui recommandant d'être bon envers les pauvres, et fidèle au

Roi Guiemart son beau-père; Croissant les remercia des sages conseils qu'ils lui donnaient, et ils disparurent sans qu'il sut ce qu'ils étaient devenus; ils se rassurèrent en faisant le signe de la croix. Quand Croissant vit ce trésor, il se promit bien de n'en faire participans qu'à ceux qui le mériteraient, ce qu'il fit, et s'attacha par-là beaucoup de monde. Il appela Guiemart et lui dit : Je veux que vous ayez la moitié de ce trésor; je vous remercie, lui répondit Guiemart, tout ce que je possède est à vous, je ne partagerai rien avec vous; alors ils partirent. Croissant prit auparavant des joyaux pour donner à son épouse; ils sortirent de la chambre du trésor et fermèrent la porte à la clef, qui leur avait été donnée par les Chevaliers. Ils revinrent bien joyeux au palais, Croissant vit sa maîtresse, à laquelle il donna les joyaux qu'il avait apporté de la chambre du trésor, et elle l'en remercia.

Du grand trésor qu'ils apportèrent, et comme Croissant épousa la noble Demoiselle, fille du Roi Guiemart; et des fêtes que l'on fit.

APRÈS que le Roi Guiemart et Croissant furent retournés au palais, la Demoiselle fut prête et arrangée, on les maria, ensuite l'on fit un festin, après lequel les jeunes Chevaliers joutèrent ensemble, et quand ce vint l'heure du souper, ils se mirent tous à table où ils furent servis splendidement, et après le bal. Croissant et son épouse allèrent se reposer, le lendemain ils revinrent au palais, et les divertissemens recommencèrent et durèrent quinze jours, après lesquels chacun partit. Quelques années après, le Roi Guiemart mourut après quatre jours de maladie, Catherine sa fille, et Croissant le regrettèrent beaucoup, tant ils l'avaient aimé. Son corps fut porté à la grande Eglise de Saint Pierre, où son service fut célébré et où l'on fit des funérailles, il fut ensuite enterré, universellement regretté, car il avait été bon et juste; après le deuil fini, du consentement des Barons, il fut couronné Empereur, et Catherine Impératrice. On ordonna des fêtes pour la cérémonie du couronnement, il y eut de grandes réjouissances; Croissant augmenta la Seigneurie de Rome, comme Jérusalem et toute la Syrie, comme on le peut savoir plus amplement par la chronique. Nous ne dirons plus rien de lui; si l'on désire en savoir plus amplement, on peut parcourir les livres qui ont été fait pour lui. Ainsi finit cette histoire, qui traite du Duc Huon de Bordeaux et de sa postérité.

F I N.

****